LA IGLESIA POSCUARENTENA

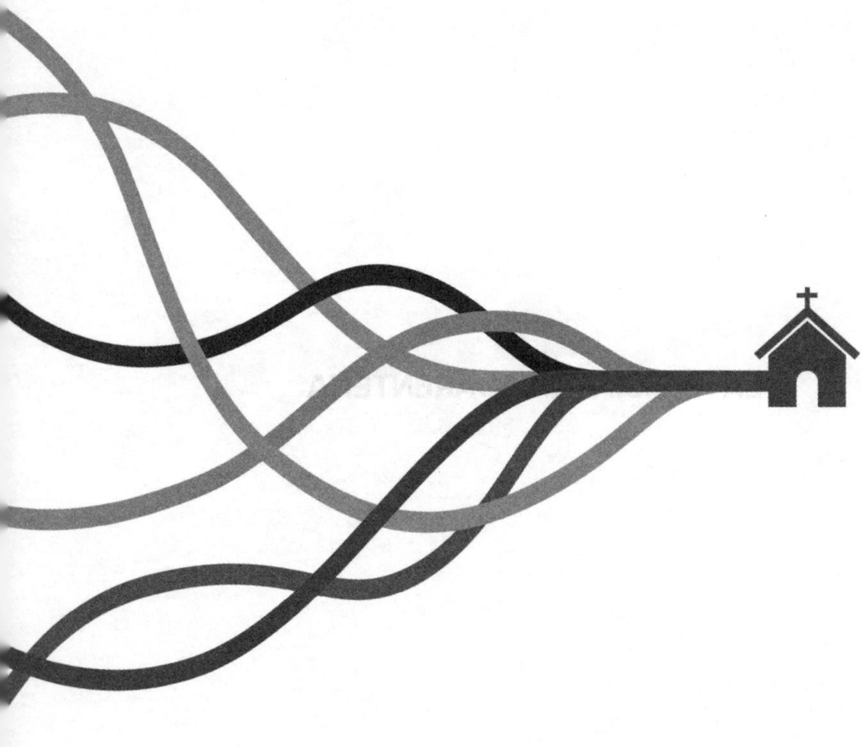

La Iglesia Pos Cuarentena

SEIS DESAFÍOS y OPORTUNIDADES URGENTES
que determinarán el futuro de tu congregación

Thom S. Rainer

PATMOS

La iglesia poscuarentena: Seis desafíos y oportunidades urgentes que determinarán el futuro de tu congregación

Publicado por Editorial Patmos,
Miami, FL 33166

Publicado originalmente en inglés por Tyndale House Publishers, Carol Stream, Illinois, con el título *The Post-Quarantine Church: Six Urgent Challenges and Opportunities That Will Determine the Future of Your Congregation.* © 2020 por Church Answers.

Traducido y editado por Grupo Scribere
Diseño por Adrián Romano

ISBN: 978-1-64691-102-8

Categoría: Vida cristiana / Iglesia

Impreso en Colombia | *Printed in Colombia*

A los líderes de iglesias en la comunidad
Church Answers [Respuestas para la iglesia].
Me siento honrado de servirles.

Y siempre dedicado a Nellie Jo.
Me honra que hayas dicho que sí.

CONTENIDO

INTRODUCCIÓN

DESPUÉS DE LA CUARENTENA

¿Recuerdas dónde estabas?

Esta es una pregunta frecuente cuando hablamos de acontecimientos históricos. Nos gusta recordar dónde estábamos y qué estábamos haciendo exactamente cuando nos enteramos de un gran acontecimiento o un momento trágico. Además de recordar logros históricos como poner a un hombre en la luna, la caída del muro de Berlín y el triunfo de los Cachorros de Chicago en una Serie Mundial, ya he vivido lo suficiente como para recordar cuatro tragedias diferentes, con un lapso de tiempo aproximado de veinte años entre ellas.

Aunque en aquel momento solo estaba en tercer grado, nunca olvidaré el 22 de noviembre de 1963. «Niños y niñas —enunció mi maestra con una emoción sorprendente—, quiero que se concentren en las palabras que estoy a punto de pronunciar. Deseo que por el resto de sus vidas recuerden este momento con claridad. Le han disparado al presidente Kennedy y lo han matado. Lo han asesinado. El presidente está muerto».

Esa fue una dura dosis de realidad para un grupo de niños de ocho años, pero desde ese día, el asesinato de Kennedy me ha fascinado. Tengo mis propias teorías sobre lo que sucedió, y algunos de mis objetos de colección y artefactos más preciados están relacionados con ese triste día.

Avanzamos rápido más de dos décadas. Yo era estudiante de seminario a tiempo completo, y trabajaba en un banco treinta horas a la semana para mantener a mi familia. Recuerdo que, el 28 de enero de 1986, me encontraba parado en el vestíbulo del banco, mirando por televisión cómo el transbordador espacial *Challenger* despegaba desde Cabo Cañaveral. Recuerdo mi confusión cuando, apenas un minuto después del despegue, el cohete se convirtió en una bola de fuego con columnas de humo que iban en todas direcciones.

Necesité unos treinta minutos para comprender a plenitud que el *Challenger* había desaparecido. Murieron siete personas, entre ellas Christa McAuliffe, la primera maestra de escuela en ir al espacio.

Quince años después de la explosión del *Challenger*, ocurrió el trágico suceso conocido simplemente como el 11 de septiembre. Yo era decano del seminario y aquella mañana de 2001 fui a la capilla consciente de que dos aviones se habían estrellado contra las torres gemelas del World Trade Center de la ciudad de Nueva York; pero no sabía por qué. Cuando el tiempo de capilla concluyó, las torres se habían derrumbado.

Otras dos décadas más tarde, nos golpeó la pandemia mundial de coronavirus; y nación tras nación, el mundo entró en modo de bloqueo. En dos meses, el nombre difícil de manejar para el virus («nCoV 2019» o «nuevo coronavirus de

2019») se había convertido en «COVID-19» o simplemente «el virus».

Cuatro momentos trágicos de la historia. Cuatro acontecimientos que nunca olvidaré. Cuatro desastres que trajeron muerte.

Sin embargo, lo interesante sobre la cuarta tragedia es que no recuerdo dónde estaba cuando escuché por primera vez sobre la COVID-19.

Las tres catástrofes anteriores estuvieron vinculadas a fechas y horas específicas, pero en cuanto al virus, fui escuchando de él poco a poco. No hubo un acontecimiento singular como un asesinato, la explosión de una nave espacial ni aviones que se estrellaran contra edificios. Nuestra percepción creció solo a medida que el virus se propagó.

La pandemia de la COVID-19 probablemente se extendió a Estados Unidos en enero de 2020. Comenzamos a enterarnos de personas que morían en China e Italia, y en otros lugares; pero pocos de nosotros estábamos prestando atención al peligro inminente para nuestra propia nación. Las primeras muertes conocidas producto de la COVID-19 en Estados Unidos ocurrieron el mes siguiente.

No estoy exactamente seguro de cuándo mi esposa y yo comenzamos nuestra cuarentena por la COVID-19. Recuerdo haber grabado unos podcasts con dos chicos en mi oficina en algún momento de marzo. Y recuerdo que uno de ellos indicó que se dirigía a su casa en Kansas City, donde quizás tendría que quedarse un tiempo porque su compañía estaba suspendiendo todos los viajes. Mi autocuarentena habría comenzado poco después de esos podcasts; pero no recuerdo la fecha con precisión.

A continuación, menciono otras dos diferencias que observé. Los tres primeros sucesos hicieron que las personas abarrotaran las iglesias. El cuarto suceso, el virus, cerró las puertas de las iglesias por un tiempo; y supimos cuándo los tres primeros sucesos habían terminado, pero aún no estamos completamente seguros sobre el cuarto.

Solo tengo un recuerdo muy vago de que la administración Trump declarara emergencia de salud pública el 31 de enero de 2020. No obstante, recuerdo la cuarentena. Recuerdo claramente la cuarentena.

La Iglesia en cuarentena

Los historiadores registrarán la pandemia de 2020 desde varias perspectivas. Examinarán la tragedia de muerte generalizada y otros problemas sanitarios. Señalarán el estado de emergencia en hospitales y asilos de ancianos. Recordarán las actualizaciones en tiempo real emitidas por televisión y otros medios, y los informes diarios que se leían como un reporte de guerra: casos confirmados, muertes registradas y casos recuperados.

Las historias evidentemente serán contadas desde un punto de vista económico. El cierre de empresas y tiendas. Algunas cierran de forma permanente. Las principales calles, centros comerciales y cines quedaron vacíos. El desempleo se dispara. Las ayudas y los fondos gubernamentales abundan, animando a algunos y frustrando a otros. Los mercados bursátiles se estancan, luego se recuperan; y luego vuelven a ser impredecibles.

Pasarán años antes de que se pueda evaluar todo el costo emocional y mental, pero de hecho será un tema de interés para historiadores, psicólogos, consejeros y los medios de comunicación. Desconocemos la historia completa, pero es probable que nos sorprenda lo devastador que fue la COVID-19 para la psique global.

A través de mi blog, seminarios web y consultas de iglesias, caminé con decenas de miles de líderes de iglesias durante la pandemia. Guie a muchos líderes de manera directa, y hablé o escribí a casi otro millón de personas. Observé la incertidumbre y la angustia que se sintieron cuando el primer servicio presencial de adoración fue cancelado. Fui testigo de las secuelas que siguieron.

En los primeros días de la cuarentena, trabajé con líderes de iglesias principalmente en temas de finanzas y las ofrendas. El apoyo financiero para muchas de estas iglesias provenía sobre todo a través del cesto de la ofrenda. Como resultado, sin servicios presenciales de adoración, no había ofrenda. Sin ofrenda, no entraban fondos para apoyar los ministerios de la iglesia.

Como puedes imaginar, hubo gran preocupación.

Casi escribo «hubo pánico», pero eso habría sido engañoso e injusto. Salvo pocas excepciones, hubo más fe que temor. Más perseverancia que pánico. Estos líderes de iglesias confiaron en Dios dondequiera que Él los condujera. Sin embargo, los líderes de iglesias también se sintieron desafiados porque realmente no sabían a dónde Dios los estaba guiando.

Creo que esa es la naturaleza de la fe.

Cuando nuestro equipo de Church Answers comenzó a trabajar con los líderes de iglesias en las nuevas realidades emergentes que el encierro presentaba, nos enfocamos inicialmente en ayudarlos a trasladar la mayor cantidad posible de miembros a las ofrendas digitales. Alentamos a los miembros expertos en tecnología y dados a las relaciones personales a trabajar uno a uno con adultos mayores que albergaban serias dudas sobre el mundo digital. Luego guiamos a los pastores y otros líderes de iglesias a revisar sus presupuestos actuales y los egresos planificados. ¿Qué podrían posponer? ¿Qué podrían recortar? ¿Qué podrían hacer de manera diferente? ¿Qué podrían hacer mejor?

Pocos días más tarde, comenzamos a trabajar con las iglesias para ayudarlas a trasladar sus servicios de adoración a un formato digital. Me sorprendió cuán enérgicos y creativos eran la mayoría de estos miembros y líderes de iglesias. Aunque algunos de los primeros intentos de transmitir sus servicios chocaron contra grandes obstáculos, estos mejoraron con el paso de las semanas. Los líderes y los miembros sabían que algo estaba cambiando y que no todo era malo. Más adelante profundizaremos sobre eso.

Yo esperaba recibir muchas preguntas en cuanto al cuidado pastoral y sobre cómo alcanzar a la comunidad durante la cuarentena. Una vez más, los líderes y miembros de iglesias me sorprendieron con su energía e innovación. Ellos hallaron formas de ministrar a pesar de las restricciones impuestas por la cuarentena. De hecho, muchos descubrieron que tenían un mayor enfoque hacia afuera y oportunidades para el cuidado pastoral que en años anteriores. La pandemia, al menos en lo que respecta a servir a la comunidad circundante, fue un llamado de atención positivo.

Parecía una eternidad, pero no pasó mucho tiempo antes de que los líderes de iglesias estuvieran pensando en regresar a los servicios presenciales. La pregunta no era tanto *cuándo* debían abrir. Esa fecha variaba de comunidad a comunidad, y de estado a estado. Más bien, se preguntaban *cómo* deberían abrir. ¿Cómo mantenemos el distanciamiento social en un servicio de adoración? ¿Deberíamos agregar servicios? ¿Es el canto congregacional una vía de transmisión para el virus? ¿Cómo volvemos gradualmente a las reuniones presenciales cuando algunas personas están locas por ir y otras son más reacias? ¿Qué hacemos con los niños? ¿Deberíamos acortar los servicios?

Las preguntas al principio fueron numerosas; luego voluminosas. En Church Answers, descubrimos que pasamos más tiempo ayudando a las iglesias a regresar a los servicios presenciales después de la cuarentena que con los problemas que surgieron durante la cuarentena. Fue un tiempo de emoción y preocupación a la vez. Los miembros y los líderes de iglesias estaban ansiosos por volver a estar juntos, pero no querían hacer nada que pudiera ser perjudicial para el bienestar de sus congregados.

Cuando nuestro equipo comenzó a caminar con las iglesias durante la era poscuarentena, recuerdo mi primera conversación con un pastor que me expresó que estaba deseoso de que las cosas volvieran a la normalidad. Yo le respondí suavemente que creía que *jamás* volveríamos a la normalidad previa a la cuarentena.

Contemplé la expresión en sus ojos. Era como si le hubiera robado el gozo. Su comportamiento cambió de inmediato. Apenas podía mantener el contacto visual.

«¿Qué quieres decir?», preguntó con tristeza.

Por mucho que me desagradaba apagar el entusiasmo de ese pastor, no quería que entrara ciegamente a un mundo que ya no existe.

Por desagradable que haya sido para él, mi intención era ayudarlo a él y a su iglesia a prepararse para la era poscuarentena.

«¡No te apures, mi amigo!»

Soy aficionado al fútbol universitario y me encanta ver la cobertura de College GameDay's en ESPN. Una de mis frases favoritas proviene del irrefrenable Lee Corso cada vez que no está de acuerdo con un colega: «¡No te apures, mi amigo!».

Hasta ahora, he resistido la tentación de usar esa frase con los líderes de iglesias que esperan que la nueva normalidad de la iglesia poscuarentena se asemeje mucho a la antigua normalidad de la iglesia prepandemia. No solo habrá diferencias significativas, sino que es muy probable que también pasará algún tiempo antes de que empecemos a comprender cómo será la nueva era.

Entonces, ¡no te apures, mi amigo!

En cambio, déjame compartir contigo lo que mi equipo y yo hemos aprendido durante las últimas semanas y meses. Hemos trabajado con muchas iglesias a medida que estas reanudan los servicios presenciales. Por supuesto, ha habido algunos desafíos, pero ha habido muchas más oportunidades. Hemos tenido la ventaja de escuchar a miles de líderes y miembros de iglesias cada semana. No pretendemos tener todas las respuestas, pero al hacer muchas preguntas, hemos obtenido mucha buena información.

Si al comenzar pudiera ofrecer algunos consejos sencillos, serían estos: *emociónate y anímate*. No dejes que lo desconocido se convierta en una fuente de temor. No estás entrando solo a esta nueva era. Dios no solo está *contigo*; Él ya entró *antes* que tú.

De hecho, al recorrer juntos este libro, espero que encuentres motivos para el optimismo y el aliento. Mi actitud esperanzadora se fundamenta en dos realidades. En primer lugar, nada de esto —la pandemia, la cuarentena, el período poscuarentena— sorprendió a Dios. Él tiene un plan listo y esperando a Su iglesia.

En segundo lugar, ya estamos viendo que las iglesias se adaptan y se ajustan a esta etapa de cambio de maneras diferentes a cualquier otra que haya visto en mi vida. He escuchado temas similares de parte de pastores, del personal de iglesias, de otros líderes de iglesias y de miembros de iglesias. No están entrando a la era poscuarentena con una mentalidad rutinaria. La pandemia fue un llamado de atención como ningún otro. La era poscuarentena es una oportunidad para realizar los cambios positivos y necesarios para que nuestras iglesias avancen.

Prepárate para comenzar la travesía. Desde mi punto de vista, la iglesia está entrando en los días más asombrosos y emocionantes que ha visto en décadas, tal vez incluso en siglos. Aunque el camino no siempre será fácil, podemos esperar días futuros de grandes oportunidades.

Es hora de que entremos a esta nueva tierra de posibilidades con esperanza, promesa y entusiasmo.

Comencemos descubriendo nuevas oportunidades para la iglesia reunida presencialmente.

PRIMER DESAFÍO

REÚNETE DE MANERA DIFERENTE Y MEJOR

¿Recuerdas ese juego sencillo que jugábamos con nuestras manos en la escuela dominical cuando éramos niños?

«Aquí está la iglesia. Aquí el campanario. Abre las puertas y ve a toda la gente».

Cuando abrías las manos, si entrelazabas los dedos hacia adentro, estos representaban a todas las personas dentro de la iglesia. Es un ejercicio divertido para enseñarlo a tus hijos o nietos.

Sin embargo, con el paso de los años este pequeño ejemplo se hizo menos popular. Con precisión teológica y bíblica, la gente señaló que el edificio de la iglesia no es la iglesia. De hecho, algunas personas insistieron en que dejáramos de usar la frase «ir a la iglesia». Ellos sostenían firmemente que las personas *son* la iglesia; ellos no *van* a la iglesia. Como gente menos optimista, estos parecían preferir la otra versión del juego: «aquí está la iglesia, aquí está el campanario», en el que entrelazas los dedos hacia la parte *exterior* de tus manos y cuando las abres, «¿Dónde está toda la gente?».

Suspiro.

Está bien, lo entiendo. La iglesia no es el edificio, y el edificio no es la iglesia, pero las instalaciones de la iglesia son el lugar donde la iglesia se reúne. Las instalaciones de la iglesia pueden ser un edificio de iglesia tradicional. Puede ser una casa. Puede ser una arboleda. De todas formas, es un lugar donde la iglesia se reúne.

El escritor de Hebreos desea que los miembros de la iglesia se animen y se motiven unos a otros. En su carta, él es explícito respecto a este deseo y esperanza: «Pensemos en maneras de motivarnos unos a otros a realizar actos de amor y buenas acciones».[1] Entonces, ¿cómo hacemos esto? Observa el versículo siguiente: «Y no dejemos de congregarnos, como lo hacen algunos, sino animémonos unos a otros, sobre todo ahora que el día de su regreso se acerca».[2]

¿Entendieron eso? Como creyentes y compañeros, siempre que nos reunimos nos animamos unos a otros. La iglesia reunida es importante. De hecho, durante la pandemia, extrañamos sobremanera a la iglesia presencial, reunida.

No obstante, la cuarentena también nos dio la oportunidad de reflexionar. A medida que los líderes de iglesias planeaban el retorno a la iglesia reunida, comenzaron a plantearse importantes interrogantes: ¿Estamos administrando de manera óptima las instalaciones de nuestra iglesia? ¿Qué podemos hacer diferente? ¿Qué podemos hacer mejor?

Muchos líderes de iglesias están viendo la era poscuarentena como un buen momento para hacerse estas preguntas. Y muchos están optando por hacer las cosas de manera diferente.

Volver a la Iglesia simple

Cuando Eric Geiger y yo escribimos *Iglesia simple* hace muchos años, desarrollamos la tesis de que las iglesias necesitan un plan bien definido de discipulado. Basado en la investigación de Eric, descubrimos que muchas iglesias ya habían desarrollado dicho plan, y comunicaban su proceso de discipulado mediante una declaración de visión.

Sin embargo, no estábamos plenamente preparados para las respuestas que recibimos a *Iglesia simple*, sobre todo en un área. Una de las claves para ser una iglesia simple, planteamos, era enfocarse en aquellas áreas que eran esenciales para la misión de la iglesia y, de ser posible, eliminar todo lo demás.

Esas dos palabras, *enfocar* y *eliminar*, se convirtieron en gritos de combate para muchos líderes de iglesias. Algunos obraron con sabiduría, eliminando el trabajo improductivo no esencial, sin crear demasiada controversia. Algunos líderes no fueron tan sabios. Al igual que el proverbial elefante en la tienda de porcelana, crearon más división que eficiencia.

Aun así, la esencia del problema era fundamental. Nuestras iglesias se habían enfrascado en intentar hacer demasiadas cosas que no eran esenciales para la misión central de la congregación.

Las instalaciones de la iglesia se convirtieron en el foco de la iglesia ocupada. A menudo mediamos la salud de una congregación por la cantidad de veces que las personas acudían a las instalaciones para servicios de adoración, grupos, ministerios, programas y eventos. Supusimos que un edificio lleno era señal de vitalidad y salud.

Las consecuencias no planificadas de tener una agenda colmada de actividades en la iglesia fueron muchas. Por ejemplo, algunos miembros de iglesias estaban tan ocupados «yendo a la iglesia» que no podían hacer misión en su comunidad. Los miembros más activos a menudo eran los menos evangelizadores, ya que pasaban mucho tiempo dentro del edificio en lugar de estar afuera, en la comunidad.

Las familias a menudo padecían también. Los padres tenían menos horas para pasar tiempo en familia, debido al flujo constante de actividades en la iglesia. Aunque en realidad la iglesia local no fue la única culpable que contribuyó a la familia atiborrada, para muchos constituyó un factor importante.

Las iglesias también tuvieron desafíos para reclutar voluntarios. Demasiada gente estaba demasiado ocupada. No tenían tiempo libre que ofrecer.

Ahora ante nosotros tenemos una nueva oportunidad. Hemos visto que la iglesia puede sobrevivir, incluso prosperar, sin el uso diario de sus instalaciones. Y aunque ciertamente abogamos por la importancia de reunirse presencialmente, también vemos la oportunidad en la era poscuarentena de usar nuestras instalaciones para propósitos mayores y más eficientes.

Este breve capítulo no constituye de manera alguna un compendio exhaustivo de formas de reunirnos mejor y más eficientemente en nuestras instalaciones. Sin embargo, espero que esta presentación estimule tu creatividad.

Cuando la comunidad se reúne en nuestras instalaciones

Mi equipo y yo estábamos haciendo una consulta para una iglesia que, durante casi una década, había estado experimentando un declive sutil pero notable. Ellos deseaban que los ojos de afuera miraran a su congregación. Se encontraban en una comunidad con un buen crecimiento demográfico. Tenían muy buenas instalaciones. Tenían solidez financiera. Y no habían presentado conflictos ni controversias relevantes en la iglesia.

¿Qué podría estar mal?

Como solemos hacer en muchas de nuestras consultas, solicitamos todos los documentos sobre la iglesia, tanto digitales como impresos. Un documento de esta iglesia era particularmente fascinante. Se titulaba «Políticas y procedimientos para el uso de las instalaciones de la iglesia». Tenía sesenta y cuatro páginas. En serio.

Mientras nuestro equipo leía este voluminoso libro de reglamentos, una cosa estaba muy clara: era un tratado sobre cómo mantener a la comunidad *alejada* de la iglesia.

Comprendo que las iglesias deben tener algunos lineamientos para sus instalaciones con propósitos de coordinación y responsabilidad legal. Pero este manual era ridículo. Esto era un síntoma del enfoque hacia adentro de la congregación. Había demasiadas reglas y regulaciones que regían a los no miembros. Cualquier invitado que recibiera el documento habría entendido un mensaje claro: *no eres bienvenido aquí*.

¿Qué tal si ponemos este pensamiento de cabeza? ¿Qué tal si consideramos las instalaciones de nuestra iglesia como una herramienta para alcanzar nuestra comunidad? ¿Qué tal si pensáramos en formas de atraer a la comunidad en lugar de mantenerla alejada?

Este es un concepto novedoso para muchas iglesias poscuarentena.

Es hora de reajustar nuestra perspectiva en esta nueva era. Es hora de reajustar cómo usamos nuestras instalaciones. Durante demasiados años, las instalaciones de la iglesia han sido principalmente para el beneficio de los *miembros*. En ocasiones, alguna iglesia promocionaba la construcción de una nueva instalación como una forma de alcanzar a la comunidad. La mayoría de las veces, era una promesa vacía. Tan pronto como se culminaba la instalación, se convertía sencillamente en un nuevo lugar para los miembros de la iglesia.

¿Qué tal si miráramos las instalaciones de nuestra iglesia desde la perspectiva de la comunidad? John Mark Clifton cuenta sus experiencias cuando comenzó a servir como pastor de la Iglesia Bautista Wornall Road en Kansas City. La iglesia estaba a punto de cerrar; se había vuelto irrelevante para la comunidad. Los pocos miembros que quedaban en la congregación albergaban pocas esperanzas para su iglesia. Solamente el mantenimiento aplazado de sus grandes instalaciones parecía una barrera insuperable para los pocos fieles. Entonces, cuando el nuevo pastor sugirió que prepararan la iglesia para la comunidad, pareció una ingenuidad enorme o una broma cruel. Necesitaban miles de dólares para poder utilizar las instalaciones de su iglesia. Apenas podían pagar sus facturas de servicios públicos. ¿Entonces cómo podrían renovar el edificio de su iglesia para la comunidad?

No obstante, el pastor emprendió la obra con unas pocas latas de pintura y la ayuda de voluntarios. Pintaron una habitación con colores brillantes y variados. La llamaron «la sala de cumpleaños». Luego los miembros pusieron volantes en las puertas de sus vecinos. El mensaje era sencillo pero convincente. La iglesia proporcionaría un lugar para que los niños del vecindario celebraran sus cumpleaños. Gratis. Los miembros de la iglesia ayudarían en las fiestas. Lo único que los vecinos tenían que hacer era reservar y presentarse con los niños.

Fue transformador. No solo para las familias del vecindario; fue transformador para la iglesia. Por lo general, las iglesias darán la bienvenida a la comunidad para eventos señalados y bien planificados. La cantata navideña. La presentación de Semana Santa. El concierto de los niños. Y estos eventos no tienen nada malo. Pero ¿y si probáramos algo diferente? ¿Qué tal si le *preguntamos a la comunidad* cómo las instalaciones de nuestra iglesia podrían serle de mejor utilidad? ¿Qué tal si ponemos de cabeza el propósito de los edificios de nuestra iglesia? ¿Qué tal si las instalaciones se convierten en un lugar *para* la comunidad y en un lugar *en* la comunidad?

Durante la cuarentena, muchos líderes y miembros de iglesias descubrieron que la iglesia seguía siendo la iglesia; incluso sin sus instalaciones. Sí, deseábamos volver a las reuniones presenciales para estar con nuestros amigos, pero descubrimos que podíamos hacer muchas cosas como iglesia sin depender de nuestros edificios. De hecho, el mundo digital abrió posibilidades que muchas congregaciones nunca habían considerado, y mucho menos probado.

Al parecer, nos dimos cuenta de que nuestras instalaciones eran más herramientas que necesidades. ¿Qué tal si ahora usamos esas herramientas para llegar y ministrar a nuestra comunidad?

Hace poco realicé un recorrido por las instalaciones de una iglesia en Georgia que habían sido remodeladas para servir mejor a la comunidad. Casi la mitad de los grandes edificios ahora estaban destinados específicamente para las necesidades del vecindario. Una sección era una extensa área de descanso para el cuerpo policial. Otra área era utilizada como clínica médica. Una vez terminado, el edificio incluía numerosas lavadoras y secadoras que los residentes de la comunidad podían usar sin costo alguno. Durante ciertas horas, la lavandería de la iglesia se utilizaba para cuidar niños.

Otra iglesia en un grupo demográfico económico diferente comenzó a hacer planes para establecer asociaciones con empresas locales. Ya tenían un lugar para que los miembros de la comunidad usaran Wi-Fi gratis; pero ellos querían hacer más. Cuando supieron de otras iglesias que tenían tiendas de emparedados y restaurantes en las instalaciones, propiedad de empresas con fines de lucro, y de una iglesia que abrió sus instalaciones a un preescolar privado en lugar de reinventar la rueda al comenzar su propio ministerio preescolar, se inspiraron para asumir un enfoque de pizarrón vacío y pensar creativamente sobre sus opciones. Estoy seguro de que esta iglesia pronto se convertirá en un imán *en* y *para* su comunidad.

Los líderes de una iglesia rural, ubicada en un área escasamente poblada, que no posee nada que se asemeje a un centro comunitario en unas treinta millas (50 kilómetros) a la redonda, ahora sueñan con usar su centro de adoración y salón de comunión para las necesidades de la comunidad. Se dieron cuenta de que la pequeña escuela en el área no tiene un espacio adecuado para celebrar eventos. Sin embargo, el centro de adoración de la iglesia tiene espacio para casi doscientas personas. Es ideal para eventos comunitarios y escolares.

¿Entiendes el mensaje? Si ya nos acostumbramos a prescindir de nuestros edificios durante muchas semanas, ahora podemos ver las instalaciones de nuestra iglesia con otros ojos. Podemos verlas más como una herramienta de alcance que como un área de retiro para los miembros.

Las iglesias en Estados Unidos y en todo el mundo poseen propiedades e instalaciones por valor de miles de millones de dólares. Dios nos ha provisto estos recursos para que seamos buenos mayordomos. Cada semana, gran parte de las instalaciones de la iglesia permanecen sin ser utilizadas. Es hora de volver a examinar el uso de nuestras instalaciones. Es hora de abrirlas a nuestras comunidades.

Una nueva mentalidad: en busca de señales

He dirigido o participado en cientos de consultas de iglesias. Una de las primeras cosas que nuestro equipo de consultoría hace en el lugar es recorrer las instalaciones de la iglesia. Nos fijamos en el área de estacionamiento. Hacemos una evaluación rápida de la capacidad en el centro de adoración. Nos centramos en la seguridad e higiene del área para los niños. Preguntamos sobre el flujo del tráfico automotor y peatonal.

Entre nuestros muchos puntos a inspeccionar hay un inventario sobre las señales dentro y alrededor de los edificios de la iglesia. ¿Hay buena señalización direccional cuando se entra al estacionamiento? ¿Pueden los visitantes encontrar con facilidad la entrada principal al edificio de la iglesia? ¿Están los baños claramente señalizados? ¿Pueden los padres jóvenes ver en su primera visita a dónde llevar a sus hijos?

Con el paso del tiempo, hemos notado mentalmente y, a veces, hemos escrito sobre «señales no deseadas». Estas son las señales que les indican a los miembros e invitados (generalmente a los invitados) lo que *no pueden* hacer. No entre con café al santuario. No pase al servicio de adoración después de las 11:15 a. m. No merodee por el estacionamiento. No use patinetas.

Tú entiendes.

Si bien algunas de estas señales están allí por razones de seguridad y responsabilidad legal, la mayoría han sido colocadas para evitar que los extraños estropeen la propiedad de la iglesia. Las señales son una expresión externa y física de una iglesia enfocada hacia adentro. Las instalaciones de la iglesia son un refugio exclusivo para los miembros de la iglesia. No molestes al club religioso ni a ninguno de sus artefactos.

La iglesia poscuarentena tiene una nueva oportunidad porque Dios nos ha dado una manera de ver las instalaciones de nuestra iglesia desde una nueva perspectiva. Aprendimos que para tener una iglesia no es absolutamente necesario tener instalaciones de millones de dólares, pero tal vez, solo tal vez, dado que muchos de nosotros ya tenemos estas instalaciones, Dios tiene la intención de que las usemos para el bien de nuestras comunidades.

Es posible que tengamos que limpiar un poco más, y pintar las paredes con más frecuencia. No obstante, ese es un precio muy módico a pagar a fin de llegar a las personas que nos rodean con el evangelio de Jesús que salva vidas.

Abre las puertas más a menudo

Mi conversación con un pastor de Virginia fue reveladora. Antes de la pandemia, su iglesia nunca había transmitido en vivo sus servicios. Al igual que a otros líderes, la necesidad lo llevó a saltar al mundo digital.

«No podíamos reunirnos en persona, así que tuvimos que hacerlo virtualmente —me expresó—, pero nuestra iglesia no es tan grande; nunca habíamos probado Facebook Live ni nada parecido. Teníamos que aprender rápido. Al principio fue difícil, pero lo asimilamos bastante bien».

Mientras que otros pastores y líderes de iglesias estaban entusiasmados con la cantidad de visitas de Facebook que estaban recibiendo al comienzo de la cuarentena, este pastor de

Virginia no se mostraba muy entusiasta. «Intuitivamente, no le di mucha importancia a la cantidad de personas que pudieron habernos observado durante tres segundos o treinta segundos. Era casi como una moda pasajera».

Sin embargo, lo que me fascinó de nuestra conversación fue su perspectiva totalmente diferente sobre el proceso de transmisión en vivo, al menos en comparación con la mayoría de sus compañeros.

«Si bien mis amigos pastores estaban entusiasmados con las visitas, me di cuenta de que algo más estaba ocurriendo —indicó—. Los miembros de mi iglesia comenzaron a informarme sobre los diferentes días u horarios en que veían los servicios, y lo mismo escuché de varias personas en la comunidad».

Por la intensidad en su rostro, pude notar que su mente estaba trabajando. «Fue una gran lección para mí —continuó con más entusiasmo aún—. Las personas "asistían" a nuestros servicios en diferentes momentos y en días diferentes. Antes de la COVID-19, estábamos pensando que tendríamos que agregar un segundo servicio de escuela dominical. Ya no. Tenemos esta instalación de buen tamaño que casi nunca se usa, excepto unos dos días a la semana. Si la gente nos está viendo digitalmente en momentos diferentes, tal vez les gustaría tener diferentes opciones en cuanto a días para asistir a un servicio presencial.

El pastor comenzó a probar los jueves por la noche, y hasta ahora, está animado por la respuesta. Nuestro equipo de Church Answers le informó que aproximadamente un tercio de la fuerza laboral estadounidense trabaja los domingos, y él realmente quiere alcanzar a ese grupo en su comunidad.

Solo hizo falta una pandemia y un poco de reflexión sobre el uso de las instalaciones de su iglesia para moverlo en esa dirección.

Dos (o más) iglesias, una ubicación

Las últimas dos décadas han sido testigos del rápido crecimiento de las iglesias con varias sedes. En los primeros días de este movimiento, estas iglesias a menudo se describían a sí mismas como «una iglesia, dos ubicaciones». Este fenómeno no muestra señales de detenerse. Hubo un tiempo en que el movimiento de iglesias con varias sedes era algo únicamente de las iglesias más grandes. En la actualidad, las iglesias de todos los tamaños pueden tener más de una ubicación.

Un plantador de iglesias quien es parte de nuestra comunidad Church Answers compartió una historia sobre una reunión digital providencial con otro miembro de la comunidad. Los miembros a menudo sostienen conversaciones en nuestro foro llamado Church Answers Central.

«Estábamos comentando sobre el momento de la reapertura —comenzó a explicar—. Le expresé que nuestra situación era particularmente desafiante porque nos habíamos estado reuniendo en una escuela secundaria local, y esta se demoraría en abrir».

De alguna manera, uno de los pastores en el foro notó que el plantador de iglesias se encontraba en su misma comunidad. «Fue un momento increíble —nos comentó el joven plantador de iglesias—. Me envió un mensaje y comenzamos a comunicarnos. Eso condujo a varias llamadas telefónicas; y finalmente él nos invitó a compartir las instalaciones de su iglesia. Por ahora, nos reuniremos los domingos por la tarde, al menos hasta que podamos encontrar una mejor opción. Y en verdad *no* teníamos opciones hasta que nos conectamos».

La cuarentena fue un desafío. La cuarentena también fue una bendición.

Los pastores y otros líderes de iglesias comenzaron a ver sus tiempos de reunión con nuevos ojos. Del mismo modo, comenzaron a ver sus instalaciones con una nueva perspectiva. La era poscuarentena puede resultar ser un momento de experimentación e innovación extraordinarias respecto al uso de las instalaciones de la iglesia.

Al menos, esperamos que muchas iglesias sean mucho más intencionales sobre el uso de las instalaciones de su iglesia como un medio para conectarse con sus comunidades. Estamos de acuerdo en que el edificio no es la iglesia, pero este puede ser una herramienta valiosa.

Esperamos que muchas iglesias den la bienvenida a escuelas, empresas y gobiernos locales para que usen sus instalaciones. En algunas comunidades más pequeñas, las instalaciones de la iglesia pueden ser lo más parecido que esas comunidades puedan tener a un centro comunitario.

Esperamos que muchas iglesias utilicen sus instalaciones para los servicios de adoración en momentos nuevos e innovadores; que no queden atrapados en viejos paradigmas sin sentido desde una perspectiva de mayordomía.

Esperamos que diferentes iglesias se reúnan en las mismas instalaciones. Por lo general, hay mucho espacio y muchos días disponibles para otras congregaciones.

Debido a que las iglesias no pudieron reunirse durante un tiempo, ahora están aprendiendo cómo reunirse de manera diferente y mejor. Como feliz consecuencia, tanto las iglesias como sus comunidades serán más saludables y serán servidas con mayor eficiencia.

Tres ideas

1. Piensa en una forma innovadora en que tu iglesia podría usar sus instalaciones, tal vez algo que nunca se haya hecho.
2. Piensa en días y horarios alternativos en los que tu iglesia podría reunirse para los servicios de adoración. Piensa de manera creativa para alcanzar a personas que no estás alcanzando actualmente.
3. Piensa en formas en que tu iglesia podría asociarse con el gobierno local, o con las escuelas, a fin de usar sus instalaciones.

SEGUNDO DESAFÍO

APROVECHA TU OPORTUNIDAD PARA ALCANZAR EL MUNDO DIGITAL

La pandemia de la COVID-19 es un hito histórico por numerosas razones. El mismo hecho de que un virus mortal se apoderara del mundo entero es una evidencia contundente. Desde la llamada «gripe española», ocurrida en 1918, el planeta no había vuelto a experimentar una epidemia tan generalizada.

Todos conocemos algunas de las principales consecuencias de la COVID-19. Millones de personas se infectaron y cientos de miles murieron. Fue una prueba rigurosa para la economía mundial. En las comunidades locales de Estados Unidos, un gran número de corporaciones se vieron bastante perjudicadas; algunas cerraron por completo. Tardaremos años en comprender del todo el golpe emocional y sicológico que ha sufrido una enorme parte de la humanidad.

Sin embargo, también sabemos que muchos individuos y organizaciones aprovecharon las oportunidades y se beneficiaron de la pandemia. Por ejemplo, algunas grandes empresas de tecnología aumentaron de forma considerable su capital durante el azote de la enfermedad, pues diversas líneas de sus negocios tuvieron un desempeño adecuado; utilizaron dinero en efectivo para volver a comprar sus propias acciones y adquirir empresas más pequeñas que, en muchos casos, necesitaban una rápida inyección de liquidez para sobrevivir.[1]

Es demasiado pronto para evaluar a profundidad el impacto, tanto positivo como negativo, de la pandemia en las iglesias; pero observé con asombro cómo muchos líderes se adaptaron bastante bien a la cuarentena. El ajuste más visible fue la transmisión de los servicios vía internet.

No creo que hayamos comprendido aún lo importante que fue esta decisión para la gran mayoría de los líderes y miembros de las iglesias. Habíamos visto cómo, por años, congregaciones más grandes transmitían sus servicios por esta vía. No obstante, tomando como base los resultados de nuestras encuestas iniciales, calculamos que más de 100 000 iglesias cuya visibilidad en internet no iba más allá de algún que otro sitio web, comenzaron a transmitir sus servicios durante la pandemia. Constatamos también que más de 250 000 congregaciones nunca habían tenido una presencia digital de ningún tipo antes de la cuarentena. Nuestras cifras son aproximaciones generales; sin embargo, resultan sumamente asombrosas.

En la medida en que internet se convirtió cada vez más en un canal para la transmisión del evangelio, de las enseñanzas bíblicas y del ministerio a lo largo de Norteamérica, congregaciones de todos los tamaños descubrieron un nuevo campo misionero en el mundo digital. Cada semana, oímos a pastores y a otros líderes de iglesias testificar sobre personas que se convierten en seguidores de Cristo, matrimonios o relaciones que se restauran, y gente que se comunican con una iglesia por primera vez, todo gracias a contactos iniciales hechos en el ámbito digital.

¿Han surgido retos? Claro que sí. Sin embargo, considero que se están presentando algunas oportunidades increíbles. Una y otra vez, las congregaciones están demostrando su resiliencia y su determinación de observar cómo Dios obrará para Su propósito universal a través de esta asoladora enfermedad.

Al comenzar la era poscuarentena, las iglesias no se quedaron encasilladas y se adentraron en nuevos territorios. Escuchamos a los líderes hacer la pregunta correcta: ¿cómo avanzar con más eficacia en este terreno desconocido? Podían ver que el mundo digital era un campo de misión en potencia, pero la mayoría aceptaba no saber a ciencia cierta la forma de alcanzar y ministrar a la gente en este nuevo contexto. Tenían interrogantes sobre cómo valerse de estas tecnologías desconocidas, pero iban más lejos: ¿cuál es la mejor estrategia para desarrollarse en todos los frentes? Esta nueva era quizás incluirá una mezcla y un equilibrio entre el ministerio digital y el ministerio presencial.

¿De qué manera ha cambiado el ministerio digital en la era poscuarentena?

Sin dudas, algunas congregaciones se replanteaban su presencia digital mucho antes de la pandemia y su consiguiente cuarentena. Ya existían diferencias claramente definidas entre estas iglesias de avanzada y otras más conservadoras. La mayoría de las congregaciones todavía apreciaban el mundo digital, cuanto más, como una herramienta o una extensión de los ministerios «normales» de la iglesia. Sin embargo, para aquellas de avanzada, el mundo digital ya constituía un campo misionero, un área que el ministerio de la iglesia local aún no había explotado.

La iglesia poscuarentena captará mucho mejor la perspectiva de estas congregaciones innovadoras. Durante la cuarentena, no solo descubrieron formas de mantener sus ministerios ya existentes, sino que, además encontraron nuevos horizontes y coyunturas favorables.

Ya en el mundo prepandémico, las iglesias estaban avanzando de forma gradual hacia el uso de herramientas digitales. Aquellas con presencia en línea por lo común tenían un sitio web para ofrecer datos relacionados con la congregación: horarios de los servicios, lugares, perfiles del personal, una declaración de fe y otros aspectos. Algunas usaban las redes sociales para comunicarse con los miembros e incluso con la comunidad. Ya fuera por Facebook, Instagram, Twitter u otra plataforma, un número pequeño, aunque significativo de iglesias las usaron para comunicarse de manera regular. Otras llegaron a emplearlas como un elemento clave en sus estrategias de alcance.

Una cantidad reducida pero creciente de iglesias se mostraban activas en el mundo digital a través de estrategias específicas de correo electrónico y mensajes de texto. Su alcance digital era a la vez estratégico y bien enfocado.

Mi intención con este breve resumen del ministerio digital antes de la pandemia es recordar que esto no es algo exclusivo de la iglesia poscuarentena. Las mismas herramientas digitales que se empleaban antes se siguen usando hoy, pero con más vigor y entusiasmo.

Lo que ha cambiado entre los líderes y miembros de iglesias es la perspectiva del mundo digital. Ahora, muchos más están adoptando la actitud de aquellos pioneros atrevidos de las redes, es decir, que el universo digital primeramente es un campo misionero y luego, una herramienta. Mientras avanzamos hacia la era de la iglesia poscuarentena, el desafío es cómo llegar mejor a las personas, y servirlas en el campo misionero digital.

Eso provoca diversas interrogantes. Si vemos los tiempos que corren como una oportunidad para conquistar un nuevo campo misionero, ¿qué significa esto para las prácticas de la iglesia? ¿Cómo cambiamos nuestro pensamiento y nuestras respuestas? Cuando hagamos los ajustes necesarios para seguir adelante en esta otra era, ¿cómo reaccionarán los miembros de iglesias?

¿Cuáles son las primeras lecciones que hemos aprendido en este mundo poscuarentena?

La verdad es que no tenemos toda la información que quisiéramos, pero aun así debemos comenzar el proceso. En la medida que avanzamos en este capítulo, espero que podamos entender la iglesia poscuarentena en su infancia.

Hoy las oportunidades son demasiado importantes como para ignorarlas.

Un plan para comenzar a extenderse en el mundo digital

Durante los primeros días de la cuarentena, con frecuencia los líderes de iglesias estaban preocupados y confundidos. ¿Qué haremos si no podemos reunirnos presencialmente? ¿Cómo aseguramos las finanzas? ¿De qué forma ministramos a aquellos que no podemos ver físicamente? ¿Cómo mantenemos nuestros grupos pequeños?

El período inicial de preguntas interminables dio paso al entusiasmo cuando los líderes y miembros de iglesias descubrieron las posibilidades del mundo digital. Bueno, me explico, ya lo conocían (en diversos grados), pero ahora lo veían desde otro ángulo.

Sin embargo, el desafío inmediato ante esta nueva perspectiva del mundo digital como un campo de misión es que los misioneros por lo común tienen *un plan* antes de aventurarse en un territorio extraño. Para la mayoría de los líderes de las iglesias, los efectos de la pandemia eran imprevistos y repentinos; no estaban preparados, y con frecuencia no sabían exactamente cómo dar el próximo paso. En pocas palabras: carecían de estrategias para esta parada imprevista. Así que la ola inicial de interrogantes y desconcierto, seguida de entusiasmo, pronto condujo a más preguntas y confusión.

Antes de la pandemia, la mayoría de los líderes de iglesias no se preocupaban por alcanzar a la gente en el ámbito digital; centraban su interés en el contacto de persona a persona. Es que, después de todo, ese era el campo misionero que siempre habían conocido, y en el que habían estado toda la vida; y para el que habían sido capacitados.

Sin embargo, ahora todo era diferente. ¡Era algo distinto por completo!

Entonces cuando pensaron con más seriedad en cómo lanzarse a la conquista del mundo digital, las restricciones disminuyeron en sus comunidades y tuvieron que enfocarse en planificar su reentrada en el mundo presencial. La mayoría estaban del todo inmersos en la preparación material y logística para volver a abrir los templos, considerar las advertencias y cumplir con las medidas de seguridad.

En cambio, muchos de estos líderes y miembros de iglesias no habían olvidado su anhelo de llegar a las personas mediante la tecnología; habían visto las oportunidades durante la pandemia, y ahora querían que su iglesia poscuarentena diera algunos pasos atrevidos. El deseo de entrar en este nuevo campo misionero se intensificó.

Quizás tú eres uno de ellos y te preguntas: ¿bueno, y ahora qué? Aunque una vez más reconocemos que se trata del comienzo de la era poscuarentena, y aunque somos cautelosos a la hora de hacer declaraciones categóricas, podemos ver algunos planes promisorios que recién empiezan a desarrollarse.

En muchos de ellos la premisa es que las iglesias deben tratar con tres grupos: el *digital neto*, el *digital en transición* y el *mixto*.

El primero representa una presencia solo digital, que podría incluir a las personas que no pueden asistir a las reuniones presencialmente. Podrían ser desde ancianos recluidos en sus hogares hasta miembros de las fuerzas armadas posicionados en el extranjero.

El grupo digital neto también incluye a quienes no se arriesgan a entrar en las instalaciones físicas de una iglesia debido a la COVID-19, y a otros que no están dispuestos o preparados para asistir a un servicio. No son antiglesia del todo, pero tampoco están dispuestos a reunirse con la comunidad presencial. Algunos quizás hagan esa transición en el futuro; otros, nunca. ¿Cómo la iglesia alcanzará y ministrará a estos individuos?

El segundo grupo lo constituyen aquellos en transición digital. En su mayor parte se conectan con la iglesia mediante la tecnología; rara vez asisten en persona a una reunión; pero hay algunas señales de que quizás pueden llegar a hacerlo. Es posible que se hayan unido a un grupo pequeño por video y hayan empezado a conocer a los demás. Tal vez llenaron una tarjeta de conexión digital durante un servicio vía internet. Una estrategia para llegar a ellos puede incluir formas específicas de animarlos a asistir en persona a un servicio.

El tercer grupo son los ciudadanos mixtos. Están conectados a tu congregación tanto digital como presencialmente. Es importante recordar esta distinción. Ya resulta bastante raro encontrar a alguien que *no* tenga conexiones digitales, aunque sin dudas prefiera las reuniones presenciales. La mayoría de los norteamericanos posee algún nivel de presencia digital. Hasta mi suegra de 84 años publicó hace poco en Facebook; por cierto, ¡me encanta lo que puso!

Así que, las tácticas futuras de las iglesias deben contemplar los tres grupos. Entonces, ¿por dónde empezamos?

Aprendamos de la oración de la iglesia primitiva

Es curioso, pero la experiencia de la iglesia primitiva en Jerusalén nos instruye para nuestras incursiones en el mundo digital de hoy. Sí, los medios de comunicación eran diferentes, pero no la necesidad de fe.

Poco antes de que Jesús ascendiera al cielo, les dijo a Sus seguidores: «Pero recibirán poder cuando el Espíritu Santo descienda sobre ustedes. Y serán mis testigos, y le hablarán a la gente acerca de mí en todas partes: en Jerusalén, por toda Judea, en Samaria y hasta los lugares más lejanos de la tierra».[2]

Eso fue todo; ni más órdenes, ni planes estratégicos, ni más aclaraciones.

Entonces, ¿qué hicieron cuando no sabían qué hacer? ¡Oraron! La Biblia enseña que las oraciones de la iglesia primitiva eran poderosas porque el sentir de las personas era unánime: «Todos se reunían y estaban constantemente unidos en oración...».[3]

Ignoraban cuál sería el próximo paso, pero sí sabían que necesitaban orar.

El recién descubierto campo misionero digital nos fascina con sus posibilidades tecnológicas, sin dudas; pero debemos evitar que ahogue nuestro compromiso con la oración y la búsqueda de la guía de Dios. Es inútil que tratemos de alcanzar y ministrar a la comunidad en línea sin la oración como primer paso. Es intentar cumplir la encomienda divina sin la ayuda del Señor.

Aunque no te ofrecemos metodologías específicas para que dirijas a tu iglesia en oración, sí te sugerimos tener en cuenta los tres grupos esenciales que pretendemos alcanzar en la era poscuarentena: el digital neto, el digital en transición y el mixto. ¿Cómo vas a orar por cada uno de ellos? ¿Qué herramientas les brindarás a los grupos principalmente digitales para que compartan los motivos de oración con ustedes? ¿Cómo lograrás la participación de los ciudadanos mixtos en la oración por otros grupos? ¿Cómo mantendrán los líderes y miembros de tu iglesia un ministerio de oración activo en la etapa poscuarentena?

Corren tiempos sensacionales, pero si se nos ocurre avanzar sin orar, la oportunidad pasará rápidamente de ser algo empoderado por Dios a centrarse en el hombre. Y eso, sin dudas, es un fracaso seguro.

La Iglesia simple digital

En el libro *Iglesia simple*, Eric Geiger y yo destacamos las iglesias efectivas que habían desarrollado un proceso nítido de discipulado. Uno de los pasos clave para tales congregaciones era centrarse en hacer bien algunas cosas y eliminar todo lo demás, si era posible.

A medida que buscamos en oración formas para que nuestras iglesias se conviertan en una fuerza misionera más potente en el mundo digital, debemos tener cuidado de no caer en la trampa de la sobreactividad eclesiástica. Dios ha preparado de manera única a cada una de nuestras congregaciones para avanzar en la era poscuarentena; pero no podemos hacerlo todo.

Lo enfatizo con más fuerza: ¡*no podemos intentar* hacerlo todo!

Sentiremos la tentación de aprovechar los últimos avances tecnológicos para nuestros servicios vía internet. La creatividad se desborda. Oirán hablar de iglesias que están probando nuevas funciones y experimentando grandes resultados. Bueno, aunque deberíamos estar abiertos a ideas y aplicaciones novedosas, no podemos implementarlas todas. De hecho, si nos excedemos y saltamos hacia diversas áreas a la vez, nuestra efectividad será pobre en la mayoría de ellas.

Las iglesias poscuarentena estarán presentes en múltiples redes sociales. Ya hay muchos que nos enseñan tácticas más efectivas en Facebook; otros argumentan que debemos ser estratégicos en Twitter para difundir información concisa sobre nuestras congregaciones. Y los hay que abogan por la necesidad de un canal activo en YouTube para las congregaciones. Hace poco escuché a un grupo expresarles a las iglesias que iban a perder relevancia si no usaban, con habilidad, Instagram, Pinterest, LinkedIn, o el último grito en línea.

También vi un tutorial para iglesias en el mundo digital: presentaba más de *cuarenta* canales de redes sociales. ¡Quedé exhausto con solo leer el resumen!

Me encanta el entusiasmo de las iglesias para intentar descubrir cómo ser más certeras en el campo misionero digital. No obstante, los mismos escollos que necesitaban sortear en la etapa precuarentena siguen ahí, aunque quizás con otra apariencia.

¡Cuidado! Los medios pueden convertirse en el fin; la hiperactividad puede remplazar la efectividad; la ocupación incesante, eclipsar los logros.

Mi equipo y yo trabajamos con miles de iglesias. El mensaje es consistente: mantengan la intención original del esfuerzo, no sea que se extravíen en el laberinto de programas, ministerios y actividades. Su tarea es cumplir con la Gran Comisión y el Gran Mandamiento. El propósito no es llenar un espacio en un calendario.

Ya se observa una constante hiperactividad digital en las iglesias poscuarentena. El FOMO (por sus siglas en inglés, *fear of missing out* [el temor a perderse algo]), está afectando a muchos líderes. Es verdad que tu iglesia debe ser una fuerza misionera en el mundo digital; pero no puede hacerlo todo. Es imposible que esté en todas y cada una de las redes sociales. No puede seguirles el paso a todas las innovaciones para trasmitir sus servicios en línea. No necesita ser omnipresente en lo digital.

Mejor busca las áreas en el mundo digital donde tu iglesia puede hacer unas pocas cosas, pero que las haga bien, y concéntrate en ellas. Ignora el barullo y el ajetreo digitales. Evalúa con frecuencia y rigor la efectividad de tu iglesia. Haz los cambios pertinentes cuando sea necesario.

No obstante, hagas lo que hagas, en el mundo digital jamás confundas la hiperactividad con la efectividad. ¡Con frecuencia funciona al revés!

El mundo de amplio espectro

El mundo poscuarentena sin duda incluirá las iglesias que se mueven hacia los extremos del espectro presencial y digital.

Algunas congregaciones se enamorarán tanto del campo misionero en línea que se olvidarán de la importancia vital de las reuniones presenciales. Quizás pierdan el enfoque de proveer magníficas predicaciones y tiempos de adoración para los feligreses. Es posible que se desvíen de las formas saludables en las que muchos grupos presenciales pueden florecer.

En el lado opuesto, algunas congregaciones asumirán que la iglesia poscuarentena será igual a la iglesia precuarentena. Su enfoque es «volver a la normalidad». Estos son los líderes y miembros de iglesias que, durante el pico de la pandemia, estaban desesperados porque las personas volvieran a lo tradicional y rutinario, y reanudaban programas, actividades y métodos antiguos.

El mayor problema con el enfoque de «volver a la normalidad» es que el mundo ha cambiado muchísimo. Una cosa es el mundo precuarentena y otra diferente el poscuarentena. Las iglesias no pueden ministrar con eficacia usando métodos para un mundo ya inexistente.

Otra equivocación sería asumir que entrar al mundo digital no es más que otra actividad. Varias de nuestras iglesias descubrieron acertadamente que dicho espacio es ahora parte de nuestro campo misionero. Oportunidades nuevas y apasionantes se abrieron ante sus ojos. No obstante, mientras avanzamos en la etapa poscuarentena, nuestro pensamiento en cuanto a la comunidad y el campo misionero debe ser *amplio*, nunca *estrecho*. No existirá una estrategia única para todos; esta será distinta según la iglesia. Por supuesto que el común denominador de la mayoría de las iglesias continuará siendo el servicio presencial. Sin embargo, los tipos y la frecuencia de los servicios vía internet variarán de una congregación a otra.

El acercamiento a los grupos también se diversificará. Algunas iglesias tuvieron éxito con los grupos digitales durante la cuarentena y mantendrán algún perfil de este tipo en el futuro. Otras usarán la transmisión digital solo para grupos a corto plazo, y favorecerán los encuentros presenciales para los grupos permanentes.

Sin dudas, surgirán innovaciones en la forma en que las iglesias llegan a las personas y las ministran en el mundo digital, especialmente con los individuos que no están conectados a una reunión presencial. Las condiciones y estrategias fluyen por ahora, y es probable que así continúe durante los próximos años.

Lo más importante como principio subyacente es nuestro compromiso de obedecer la Gran Comisión. Sabemos que el mundo es tanto digital como físico; así que nuestras iglesias deben responder a ambos. Y aunque las formas en que lleguemos a estos dos campos misioneros variarán, es imperativo que hagamos algo; y que lo hagamos bien. ¡No hay tiempo que perder!

«La cosecha es grande, pero los obreros son pocos. Así que oren al Señor que está a cargo de la cosecha; pídanle que envíe más obreros a sus campos».[4]

Tres ideas

1. Piensa en cómo tu comunidad cambió a partir de la pandemia y en las implicaciones para llevar a cabo el ministerio durante esta nueva era.
2. Considera cuáles redes sociales podrían ser más efectivas para tu iglesia ahora.
3. Piensa en cómo tu iglesia podría conectarse mejor con una persona no cristiana que solo mantiene una conexión digital con la iglesia.

TERCER DESAFÍO

VUELVE A RELACIONARTE CON LA COMUNIDAD CERCANA A TU IGLESIA

¡Ah, qué buenos tiempos aquellos!

Poniendo a un lado mis anhelos y recuerdos, al estudiar el desarrollo y el camino de las iglesias locales en Estados Unidos, he llegado a la conclusión de que los viejos tiempos fueron buenos de veras.

En los últimos dos siglos, más o menos ocho de cada diez iglesias se establecían en una comunidad determinada, y les servían. También existían congregaciones en las capitales de los condados, cuyos feligreses provenían de más de un vecindario o área. Además, había grandes iglesias urbanas que extendían su alcance hasta diez o veinte millas (quince o treinta kilómetros) a la redonda.

Sin embargo, la mayoría de las iglesias se fundaron como parte de una barriada o comunidad específicas; y con frecuencia tenían sus nombres, o el de sus calles más transitadas. Los devotos vivían en el vecindario, así que la congregación reflejaba la identidad del mismo.

¡Caramba, qué buenos tiempos!

Me convertí en seguidor de Cristo cuando era adolescente. Pero la iglesia a la que asistía estaba en crisis. Tengo recuerdos horribles de tensas reuniones de negocios. Los participantes se lanzaban acusaciones mordaces unos a otros. Al final, la congregación se dividió, y mi familia escogió el bando de los que se marcharon.

No obstante, poco tiempo después, nuestra ya fragmentada iglesia, entró en otra batalla y surgió una tercera congregación. Reconozco que, como nuevo creyente, debía incorporarme a un determinado grupo de fieles; sin embargo, decidí que no podía integrar ninguna de esas tres iglesias y, como resultado, en mi adolescencia dejé de congregarme.

Al cristiano errante jamás le va bien, y yo no fui la excepción; en lugar de crecer en mi nueva fe, me puse rebelde. Pudo más la desilusión que el discipulado.

Avanzamos rápidamente en el tiempo hasta los dos primeros años de mi matrimonio (yo me casé a los veintitantos), cuando consideramos formar una familia, mi esposa me pidió algo importantísimo: deseaba que fuéramos a la iglesia. Ella quería que yo fuera un líder familiar y también espiritual. Me sorprendí de lo ansioso que estaba por complacerla.

Por años había reprimido las ganas de asistir y vincularme a una iglesia. Lleno de entusiasmo, aproveché la oportunidad de unirme a una congregación. Pronto encontramos una iglesia de hogar. Quedaba justo en nuestra comunidad y se identificaba por su nombre.

Aquellos fueron días maravillosos. Gran parte de mi temprano crecimiento espiritual se lo debo a la responsabilidad y el amor que experimenté en ese sitio. Gran parte de nuestra vida juntos giraba en torno a la iglesia y a la barriada en que vivíamos. Cuando nació nuestro primer hijo, pasamos a ser tres miembros activos de la congregación.

Las iglesias comunitarias y las del vecindario han sido por mucho tiempo un elemento importante del patrimonio y la vida de nuestra nación. Era natural que ellas cuidaran de los que vivían en la comunidad.

Sin embargo, con el tiempo un buen número de iglesias vecinales olvidaron su propósito. En el caso de algunas congregaciones, cuando el barrio cambió, la iglesia no lo hizo. En otras iglesias, la congregación se enfocó hacia adentro y fue más un club social religioso que otra cosa. También las hubo que no pudieron atraer a las nuevas generaciones, quienes buscaron otras más novedosas y grandes, o las abandonaron por completo.

En días más recientes, cuando la pandemia de la COVID-19 obligó a las iglesias a cerrar las puertas de sus instalaciones, se produjo una transformación interesante en muchas de ellas: comenzaron a redescubrir sus comunidades.

Redescubrir la dirección de nuestra iglesia

Durante la cuarentena, los líderes y miembros de la congregación nos recordaban que la iglesia no estaba *cerrada*. Tales advertencias eran correctas desde la perspectiva bíblica. Como mucha gente nos recalcó a través de blogs, Facebook y otros medios de comunicación: las personas constituyen la iglesia, no los edificios.

Lo entiendo.

Sin embargo, durante la pandemia sucedió algo bastante irónico. Las iglesias se centraron más en los individuos cuando se les prohibió reunirlos. La transformación ocurrió debido a cuatro razones principales:

En primer lugar, como la mayoría de sus actividades se realizaban en el templo, las iglesias ya no estaban centradas en las actividades. Al cerrarse los locales, las congregaciones tuvieron más tiempo y oportunidades de enfocarse hacia afuera. ¿Sabes qué? Muchas iglesias descubrieron a una comunidad ansiosa de relacionarse con ellas. Hallaron en el vecindario a sujetos que anhelaban relacionarse con la congregación. Sí, conocían el edificio, pero no se topaban frecuentemente con los feligreses.

En segundo lugar, varias congregaciones renovaron o empezaron ministerios de oración, algunos de los cuales se centraron en sus barrios y comunidades. Vimos a una que invirtió una reducida cantidad de dinero en anuncios de Facebook dirigidos a la comunidad por código postal. Interactuaba con esta a través de la página, ofreció oraciones para todo el que las pidiera, y habilitó una dirección de correo electrónico para que se le enviaran las peticiones.

La respuesta del vecindario superó las expectativas de los creyentes, quienes dijeron que nunca habían pensado en alcanzar a los vecinos y a los miembros de la comunidad hasta que se dio inicio al ministerio de oración.

En tercer lugar, durante la cuarentena, muchas iglesias se enfocaron más en la tarea de evangelizar. ¡Qué ironía! Anuncias más las buenas nuevas cuando no puedes estar entre la gente. Sin embargo, tiene sentido, si tenemos en cuenta nuestro primer punto en cuanto a la sobreactividad. Los líderes y miembros de iglesias se liberaron de los programas constantes.

Entonces se dedicaron a lo más significativo: llevar el evangelio a los residentes de la comunidad.

La cuarta razón también resulta irónica. Debido a que tantas personas estaban confinadas en sus casas y barrios, tenían *más* contacto con sus vecinos, al salir a caminar, al montar bicicleta o si se sentaban en el portal de sus viviendas. Incluso con el distanciamiento social adecuado, podían fácilmente saludar o mantener una charla. Los miembros de iglesias tuvieron la ocasión de relacionarse con vecinos a los que quizás nunca habían conocido.

Bueno, ¿cuáles son las lecciones de la cuarentena para la era poscuarentena? Tal vez lo más poderoso y a la vez aleccionador que hemos aprendido es recordar que nuestras iglesias no están en la comunidad por gusto. Sam Rainer, el presidente de Church Answers nos lo recuerda a cada rato: «La dirección de tu iglesia no es una casualidad». La ubicación física de la mayoría de las congregaciones también debería ser el centro de su ministerio.

Mientras avanzamos en la era poscuarentena, las iglesias deben acordarse de esas cuatro lecciones que aprendieron durante el encerramiento obligatorio. Ellas nos recuerdan muy bien la importancia de la gente, la oración y el propósito en nuestro ministerio poscuarentena.

Haz que la vida de la iglesia sea sencilla. Si siempre estás ocupado en actividades, ¿cómo desarrollarás los ministerios más importantes?

Asegúrate de que el ministerio de oración de tu iglesia abarque a tu comunidad o vecindario: que sea un «epicentro» de oración para los hogares de tu área.

Comparte el evangelio con intencionalidad, y recuerda, no importa *cómo* lo hagas, simplemente *hazlo*.

Por último, mantén el énfasis en que sus miembros se conecten con los habitantes de la comunidad.

Grandes y nuevos esfuerzos se realizaron en pro del evangelio durante la pandemia y la cuarentena; entonces, ¡que continúen en la etapa poscuarentena!

El poder de preguntar y escuchar

«¡Nunca más!».

Fue la exclamación de un pastor durante la cuarta semana de autocuarentena. Para él, igual que para otros, la pandemia fue un tiempo de reflexión. Estaba en el octavo año de su pastorado en la iglesia. Él mismo admitía haber perdido su perspectiva de antaño.

En una llamada de capacitación me confesó: «Yo vine a esta iglesia después de plantar otra. Asumí el ministerio aquí con el mismo fervor y estrategias que usé para plantar la iglesia. Hice que los miembros alcanzaran a la barriada de todas las formas posibles. Uno de mis feligreses, en broma, me dijo: "Pastor, estamos obsesionados con el vecindario". La frase me gustó».

Hizo una pausa. Noté que recordaba esos días con mucho agrado: «Oye Thom, tú afirmas que los líderes de la iglesia con frecuencia dejamos que lo bueno reemplace a lo grandioso en el ministerio, ¿no es así?». «Sí», le contesté. Entonces prosiguió: «Bueno, eso es lo que me pasó a mí. Dejé de orientarlos a toda hora para que alcanzaran a la comunidad y nos ocupamos en otras cosas. No eran *malas* en sí, ¿ves?, solo *diferentes*».

Entonces repitió: «¡Nunca más!».

Por diversas razones, los líderes y miembros de iglesias se centraron en la comunidad durante la pandemia. En el caso de mi amigo pastor, él pudo reflexionar en cuanto a la dirección que su grey había tomado, lo cual le permitió hacer ajustes en la marcha.

Otros expresaron que las comunidades evidenciaban deseos de relacionarse con la iglesia y sus feligreses. ¡Quizás la pandemia les recordó que eran mortales!; o querían que se orara por ellos; o querían relacionarse. Fuera lo que fuera, se mostraban más receptivos a la congregación local.

La era poscuarentena resulta perfecta para ajustar las maneras de vincularnos con nuestras comunidades o vecindarios. Los líderes eclesiásticos, cada uno a su forma, exclaman hoy: «¡Nunca más!». A continuación, mencionamos algunos ejemplos sencillos, pero impactantes.

Una iglesia de Tennessee les compró tarjetas de regalo a los comerciantes locales; fueron miles de dólares. Le dijeron a cada dueño de negocios que deseaban orar por él y apoyar las pequeñas empresas de la comunidad. Muchos de estos empresarios lloraron de emoción. Esta iglesia sabe que las relaciones que comenzaron durante la pandemia crecerán en los días posteriores a la cuarentena. Ellos procuran reforzar el acercamiento a las empresas de la zona.

En Missouri, una iglesia dispuso su amplio salón al servicio de la comunidad. Está disponible para encuentros familiares, fiestas de cumpleaños, reuniones de negocios locales y recepciones. La idea se concibió durante la pandemia y nació en la etapa poscuarentena. Cobran solo una pequeña cantidad para la limpieza, y aun así están dispuestos a ayudar a quienes no pueden pagarla.

Una iglesia en Georgia, algo que ya mencionamos, convirtió una parte de sus instalaciones en una lavandería gratuita para la comunidad. Muchas de las personas que utilizan las lavadoras y secadoras dejan el detergente sin usar para los que siguen. La iglesia cuida de los niños por tres horas en tres tardes diferentes mientras los padres o abuelos emplean la lavandería.

¿Cómo estas y otras congregaciones supieron vincularse mejor con sus comunidades? Bueno, el proceso fue sencillo, pero profundo; les preguntaron a los vecinos cuál era la mejor forma de ayudarlos. Y luego, escucharon.

Sé de una iglesia que contactó a más de cien empresarios y dirigentes comunitarios durante la cuarentena. Ahora poseen una fuerte estrategia que pondrán en práctica a fin de conectarse con la comunidad. Otra iglesia envió cartas escritas a mano a más de ochocientos residentes locales. Facilitaron una dirección de correo electrónico para las peticiones de oración. ¡En una semana, ya habían respondido 134 personas! Esa iglesia ahora conoce claramente las necesidades comunitarias; y comprende mejor el camino a seguir.

Las iglesias preguntaron, escucharon y actuaron.

Estos son unos pocos ejemplos de congregaciones que vieron la cuarentena y la poscuarentena como coyunturas favorables. En sus casos, las oportunidades que Dios les dio durante la pandemia, se extenderán en los próximos años.

El principio de la erosión lenta

Me encantan las playas de la Florida. Durante toda mi vida he ido a las del extremo noreste o a las del suroeste del estado. El mar esmeralda acaricia la perfecta blancura de sus arenas; y entonces surgen los paisajes más hermosos que he visto.

Las playas forman parte de un delicado ecosistema, y muchas sufren una erosión constante. La mayoría de las veces, el deterioro es sutil, apenas se percibe de un mes a otro, o de un año al siguiente. Los residentes del lugar rara vez se preocupan por esta erosión imperceptible.

Sin embargo, cuando un huracán golpea la zona costera, la erosión es catastrófica. Los moradores y los funcionarios locales enseguida pasan a un estado de emergencia. Después de evaluar y reparar los daños de las casas, restauran la playa. La premura moviliza a mucha gente.

En la iglesia, la lenta erosión en la mayoría de las congregaciones estaba relacionada con haberse alejado de su enfoque hacia afuera. Una buena cantidad de iglesias habían empezado a usar su tiempo, personas, ministerios y dinero para cuidarse a sí mismas. Fue un proceso gradual; el liderazgo y los miembros no decidieron en un día reducir sus esfuerzos para alcanzar a las comunidades.

No, más bien año tras año remplazaron la «Gran Comisión» por la «Gran complacencia». Se fueron aislando y sus vínculos con la comunidad desaparecieron gradualmente.

De manera precisa, Jesús le ordenó a la primera iglesia de Jerusalén que se enfocara hacia afuera. Debían empezar por la ciudad y luego extenderse «por toda Judea, en Samaria y hasta los lugares más lejanos de la tierra».[1] A los creyentes les fue de maravilla en sus primeros días en Jerusalén. Su enfoque hacia la comunidad era poderoso y agudo. Sin embargo, la iglesia no fue del todo obediente. El evangelio debía traspasar los límites de la ciudad. La iglesia se detuvo justo en el borde de su zona de comodidad.

Entonces Dios permitió la persecución para darle un sentido de urgencia a la iglesia de Jerusalén, y al mismo tiempo puso en marcha la siguiente fase de la Gran Comisión.

> «Ese día comenzó una gran ola de persecución que se extendió por toda la iglesia de Jerusalén; y todos los

creyentes excepto los apóstoles fueron dispersados por las regiones de Judea y Samaria.[2]

En nuestros días, Dios ha enviado al mundo una ola de urgencia en forma de la COVID-19. Sin dudas, es un enérgico llamado de atención. Para la mayoría de las congregaciones, el asunto no es ir *más allá* de Jerusalén, es decir, salir de las fronteras de nuestras comunidades locales. Se trata primero de *alcanzar* a Jerusalén. Debemos enfocar nuestra visión externa en las personas que nos rodean, en los vecindarios, ciudades y pueblos.

La mayoría de las iglesias han visto cómo su enfoque hacia afuera se erosionaba lentamente. Es posible que no lo hayamos notado con claridad antes de la cuarentena, pero sin duda lo sabemos en estos días posteriores a la misma.

El reto ha llegado. Ni podemos ni debemos volver a los días del confort y la rutina. Debemos seguir adelante con la obediencia y el sacrificio que la Gran Comisión exige.

El pastor que mencioné antes estaba en lo correcto. Bien hacía en exclamar:

¡Nunca más!

El regreso de la iglesia vecinal

He estado en muchos tipos de iglesias. La primera que pastoreé era una congregación rural de siete personas. La tienda más cercana quedaba a 15 millas (24 kilómetros). Por otro lado, también formé parte de grandes iglesias regionales con miembros que vivían a muchísimos kilómetros de distancia. De niño, crecí en la iglesia de un pueblito, capital del condado.

Todas ellas contribuyeron en gran medida a mi crecimiento espiritual. Cada congregación fue un elemento básico de mi vida y mi salud familiar. Le agradezco al Señor por esas iglesias que han significado mucho para mí. Al presente, mis hijos adultos recuerdan con gratitud cómo, de niños, las iglesias influyeron en sus vidas.

Un tipo específico de iglesia —las llamadas iglesias vecinales— está volviendo a surgir en todo el mundo. Las definiciones de esta categoría pueden variar, pero la mayoría tiene similitudes claves.

La característica más común de una iglesia vecinal es su especificidad geográfica. En sus inicios estaban destinadas a servir en un área muy puntual, que los residentes identificaban como una comunidad única y distintiva. Si les preguntabas dónde vivían, su respuesta geográfica era precisa.

A veces la zona era una subdivisión, con un nombre específico. En otros vecindarios, el marcador geográfico de identidad era un centro empleador importante.

Las iglesias vecinales se iniciaban *en* una comunidad y *para* la comunidad; tenían un claro objetivo. La geografía de su campo misionero estaba definida con exactitud.

No les ha ido bien en las últimas décadas; es evidente. Con frecuencia la culpa de su declive recae en las congregaciones más grandes, específicamente sobre las megaiglesias. Sin embargo, las heridas fueron más bien autoinfligidas. Algunas iglesias vecinales se convirtieron en iglesias imán basadas más en una distinción denominacional que en una ubicación geográfica. Los miembros no se adaptaron a una población cambiante, se mudaron del barrio y empezaron a viajar kilómetros para ir a la iglesia. Cuando la demografía de los fieles de la iglesia no se parece en nada a la de la comunidad, el colapso resulta inminente.

Algunas iglesias vecinales que cayeron se enfocaron hacia adentro. Originalmente fueron plantadas para alcanzar y ministrar a la comunidad, pero con el tiempo se convirtieron en un club social religioso. Comenzaron a servirse a sí mismas en vez de hacerlo a los demás.

Asimismo, otras iglesias de este tipo perdieron su relevancia. Querían mantener el statu quo y por ello se negaron al cambio. Cuando los miembros más jóvenes dejaban la iglesia vecinal por una más concurrida, no siempre era porque necesitaran un sitio más amplio, sino porque con frecuencia, buscaban una más relevante. Estaban cansados de batallar con la anticuada iglesia del vecindario y su resistencia a los cambios. Hoy en día, muchas de estas iglesias están renaciendo; algunas son congregaciones independientes y otras, ramas de una más grande. Pero su misión es la misma. Están *en* la comunidad, son *de* ella y viven *para* ella.

Sin dudas, uno de los resultados más positivos de la pandemia será el acelerado regreso de las iglesias vecinales. Ya estábamos viendo señales de este cambio de rumbo antes de la COVID-19. Ahora, con la sabiduría, visión e inspiración obtenida durante la cuarentena, tenemos más esperanzas con las iglesias poscuarentena.

El regreso de la iglesia vecinal es parte de una tendencia mayor. Las congregaciones están volviendo a relacionarse con sus comunidades, están descubriendo que no pueden existir como una verdadera extensión del ministerio de Cristo si se encierran en ellas mismas.

En lo particular, el renacimiento de las iglesias vecinales y, en general, el renovado enfoque de las congregaciones en sus barriadas son procesos emocionantes. De hecho, vemos la probabilidad de que estas tendencias no solo continúen, sino que se aceleren en los meses venideros.

Como resultado tendremos iglesias y comunidades más sanas. Dios está empleando estos tiempos de desafíos y tristezas para reunir todas las cosas para Su gloria.

Tres ideas

1. Piensa de qué maneras tu iglesia puede ejercer una influencia más positiva en la comunidad.
2. Piensa en el principio de la erosión lenta, y considera si este declive gradual está sucediendo en tu iglesia.
3. Piensa en cuanto al renacer de la iglesia vecinal. ¿Observas en tu congregación algunas de estas tendencias positivas?

CUARTO DESAFÍO

LLEVA LA ORACIÓN A UN NIVEL NUEVO Y PODEROSO

Ojalá yo orara tanto como hablo y escribo sobre la oración.

Esto es en serio.

Cognitivamente, sé que la oración es vital para la salud de una iglesia. Sé que cualquier esfuerzo que una iglesia lleva a cabo sin oración descansa en esfuerzos humanos, y en última instancia, está destinado al fracaso. Sé empíricamente que las iglesias más saludables son aquellas que le conceden una alta prioridad a la oración.

Sin embargo, tengo más luchas con mi vida de oración personal de lo que me gustaría admitir. Cuando servía como pastor, le hablaba y enfatizaba la oración con más entusiasmo a mi congregación que el tiempo que pasaba realmente en oración.

A menudo estaba demasiado ocupado con las actividades de la iglesia, que apenas me quedaba tiempo para estar a solas con Dios. Lamentablemente, todavía lucho para orar con constancia.

Muchos pastores que yo capacito me han confesado luchas similares. En su vida de iglesia, han estado demasiado ocupados con la tiranía de lo urgente que apenas les queda tiempo para la oración.

Sin embargo, durante la pandemia y la cuarentena algo sucedió. Los pastores y otros líderes de iglesias comenzaron a buscar con más fervor a Dios en oración. Los miembros de iglesias se involucraron más en los ministerios de oración. En muchos casos, los vecinos de la comunidad comenzaron a comunicarse con las iglesias para recibir apoyo en oración.

La historia de la iglesia está repleta de ejemplos de las fluctuaciones de los movimientos de oración. Por ejemplo, considera la primera iglesia en Jerusalén, que nació de un movimiento de oración después de la ascensión de Cristo: «Todos se reunían y estaban constantemente unidos en oración junto con María, la madre de Jesús, varias mujeres más y los hermanos de Jesús».[1]

Fíjate en ese breve versículo cómo se ve la prioridad de la oración. *Todos* se reunían. Sin excepciones. Incluso María, la madre de Jesús, era parte del movimiento de oración.

Fíjate también en la *frecuencia* de la oración. Lucas, el autor de Hechos, indica que era constante. Aunque aparte de esto, no sabemos mucho más sobre sus reuniones, el mensaje es bastante directo: la oración era importante.

La oración no solo era importante, era también una fuerza unificadora en la iglesia. Los creyentes que se reunían para orar eran de un solo corazón y un mismo sentir.

Después de Pentecostés, la iglesia de Jerusalén comenzó a tomar forma. Vemos las prioridades inmediatas de la congregación naciente en Hechos 2:42: «Todos los creyentes se dedicaban a las enseñanzas de los apóstoles, a la comunión fraternal, a participar juntos en las comidas (entre ellas la Cena del Señor), y a la oración». La mención de la oración al final de la lista de prioridades podría ser una indicación de que esta constituía el pináculo en el orden de importancia. La iglesia se *dedicó* a la oración. La oración no era una mera formalidad o un ministerio rutinario. Constituía una prioridad tal que consumía a los miembros de la primera iglesia. El poder de esta congregación no giraba alrededor del ser humano; era dirigido por Dios.

Poco antes de que la persecución esparciera a la iglesia más allá de Jerusalén, los primeros líderes enfrentaron un desafío ministerial. Hubo una división entre los creyentes que hablaban griego y los que hablaban hebreo sobre la distribución de comida a las viudas. Los de origen hebreo, planteaban que había favoritismo en el trato respecto a los creyentes de habla griega.[2]

Los líderes de la iglesia reconocieron que el problema iba más allá de la distribución de alimentos. La unidad de la iglesia estaba en peligro. El asunto amenazaba con convertirse en una gran distracción para la joven iglesia. Los líderes podrían haber sucumbido a la tiranía de lo urgente y haberse ocupado ellos mismos de la situación. En cambio, designaron a siete personas muy respetadas para que se ocuparan de este problema ministerial y trataran la enconada división.

La razón que presentaron para no intervenir ellos mismos fue la necesidad de mantener su enfoque en las prioridades adecuadas: «Entonces nosotros, los apóstoles, podremos dedicar nuestro tiempo a la oración y a enseñar la palabra».[3]

¿Captaste eso? Los líderes de la primera iglesia tenían dos prioridades: enseñar la Palabra de Dios y concentrarse en la oración.

El enfoque de los apóstoles hizo que la iglesia siguiera desarrollándose evangelísticamente: «Así que el mensaje de Dios siguió extendiéndose. El número de creyentes aumentó en gran manera en Jerusalén, y muchos de los sacerdotes judíos también se convirtieron».[4]

Por qué nuestras iglesias están orando más

No hay duda de que los tiempos de crisis impulsan a los miembros de la iglesia a orar con más frecuencia y con más fervor. También está claro que la pandemia fue una crisis que engendró mucha oración.

La gente oró por sus amigos y seres queridos afectados por la COVID-19. Oraron por problemas económicos, ya que millones de personas se quedaron sin empleos. Oraron por aquellos que se sentían solos, deprimidos, y buscaban respuestas para el dolor que los rodeaba.

Sin embargo, parecía que el ímpetu detrás de este movimiento de oración era más amplio que la crisis inmediata en cuestión. Para muchos miembros de iglesias, fue el tiempo de descubrir su propósito. Aunque durante años ellos habían estado involucrados en una iglesia, sus esfuerzos se centraban en las actividades, o los emprendían por un sentido del deber.

«Creo que, por lo general, yo hacía las cosas en mi iglesia por inercia», nos comentó una mujer llamada Maureen. Ella llevaba más de treinta años en su congregación. «El coronavirus me mantuvo atrapada en casa durante un período prolongado, y me dio muchísimo tiempo para pensar y orar. Soy parte en un grupo comunitario grande en mi iglesia. Comenzamos a orar por nuestra iglesia y a compartir necesidades de oración entre nosotros».

Hizo una pausa para ordenar sus pensamientos. «Lo que comenzamos a hacer en nuestro grupo comunitario se fue desarrollando de manera natural en otras partes de la iglesia. Con el tiempo formamos un grupo de Facebook. Fue entonces que comenzó a crecer en realidad».

La voz de Maureen se tornó más intensa. «El grupo de Facebook fue el vehículo que nos puso a orar por nuestra comunidad. Fue bastante sencillo. Cuando la gente vio que estábamos orando, nos pidieron que oráramos por ellos. Oramos por muchas personas con problemas físicos y enfermedades. Algunos de ellos tenían el coronavirus. Fuimos bendecidos ya que nadie por quien oramos murió.

«De alguna manera, la alcaldesa se enteró de nuestro ministerio de oración —continuó Maureen—. Ella ha estado en ese puesto por siete años, y le cae muy bien a la mayoría de la gente del pueblo. Cuando ella llegó a nuestra página de Facebook, y pidió oración por las diferentes necesidades de la comunidad, la respuesta fue asombrosa. Fue como si nuestra iglesia se convirtiera en el brazo de oración de la ciudad. Cada vez más personas se unieron a nuestra página, y pidieron oración u oraron por otros».

Maureen volvió a hacer una pausa y asumió un aire más reflexivo. «Sabes, durante la mayor parte de mi vida, vi la iglesia como un montón de actividades religiosas. Asistía más por obligación que por cualquier otra cosa. Ahora me doy cuenta cada vez más de que yo *soy* la iglesia, al menos parte de ella».

Su sonrisa era natural y contagiosa. «Nunca volveré a ver la iglesia de la misma manera —concluyó—. Realmente nunca pensé que yo podría marcar una gran diferencia, pero ahora sé que puedo. Y pensar que hizo falta una pandemia y una cuarentena para despertarme de mi letargo espiritual».

Cerró nuestra conversación con una frase enfática. «Nunca volveré a ver la iglesia de la misma manera».

Nuevas calzadas romanas para la Iglesia

Con todo el enfoque en la tecnología digital actual, es fácil pasar por alto cómo Dios usó la tecnología de vanguardia de épocas anteriores para difundir el evangelio por todo el mundo. Una de esas tecnologías fue la experiencia de los romanos en la construcción de calzadas.

A partir del 312 a.C. con la Vía Apia, los romanos iniciaron un importante proyecto de construcción que finalmente abarcó 50 000 millas (80 000 kilómetros) de calzadas.

Estos caminos eran maravillas tecnológicas. Algunas eran pequeñas calzadas locales; otras eran como calzadas interestatales que conectaban las principales ciudades y las bases militares. A menudo eran excepcionalmente duraderas, incluyendo los caminos pavimentados de piedra que duraron siglos, hasta la era moderna. Los lechos de las calzadas por lo general tenían una curvatura para el drenaje; y senderos a cada lado. Las calzadas romanas atravesaban colinas y ríos, y barrancos mediante puentes. Grandes secciones atravesaban terrenos pantanosos sobre cimientos de vigas o pilotes.[5]

Aunque el propósito de los romanos era facilitar el avance del imperio, la consecuencia más importante, aunque no intencionada, fue la propulsión del evangelio cristiano en todo el sur de Europa y Asia Menor.

Durante la pandemia de la COVID-19, las calzadas de la tecnología digital se convirtieron en una vía importante para el desplazamiento de los ministerios de oración. Los grupos se reunían en línea para tiempos de oración a través de Zoom. Las redes sociales se convirtieron en un vehículo para hacer peticiones de oración y publicar testimonios de oraciones contestadas. Los teléfonos inteligentes fueron herramientas generalizadas, listas para transformar un ministerio de oración de manera instantánea.

Algunos dirían que la tecnología digital es un instrumento del diablo. Las opiniones sobre el tema están ciertamente divididas.[6] No hay dudas de que la tecnología se puede utilizar de innumerables formas oscuras y trágicas. Uno no tiene que pasar mucho tiempo en las redes sociales para sentir una presencia generalizada de oscuridad y negatividad.

No obstante, la tecnología también se puede usar para bien. En verdad, es la calzada romana moderna para llevar el evangelio a personas y lugares no alcanzados.

La calzada romana del siglo I se utilizó para actividades bélicas. Era guarida de ladrones y asesinos. Era una vía para todo tipo de tráfico nefasto. Esas mismas calzadas romanas fueron vías que los primeros seguidores de Jesús tomaban para compartir las buenas nuevas de la resurrección del Salvador. Si trazas los recorridos de los viajes misioneros del apóstol Pablo, verás que gran parte de ellos fueron a través de estos caminos.

Como cualquier instrumento, la tecnología digital puede usarse para el mal, pero Dios la usa para bien.

La cuarentena no fue solo un tiempo en el que muchos líderes de iglesias descubrieron cómo transmitir servicios de adoración en línea; fue también una época en la que afloraron una diversidad de nuevos ministerios. Se llegó a personas que nunca antes habían escuchado el nombre de la iglesia. Y como mencionamos, los ministerios de oración fueron los primeros entre los ministerios emergentes con un impacto incomparable en el mundo digital. Por cierto, a medida que las iglesias se reúnan e intenten volver a un supuesto ritmo, es probable que el impacto intensivo de algunos de estos ministerios disminuya. La intensidad y el fervor disminuirán, pero las iglesias no abandonarán los instrumentos que usaron en la etapa de la cuarentena mientras se sitúan en la era poscuarentena. No hay vuelta atrás.

La iglesia poscuarentena se está moviendo hacia tiempos de oración generalizada y poderosa. Perder esta oportunidad es dejar pasar un evidente mover de Dios.

Ejemplos prácticos de ministerios de oración

El principio de fluctuación siempre está presente en el ministerio de la iglesia, y los ministerios de oración no son una excepción. En pocas palabras, habrá momentos de mayor fervor por la oración colectiva y momentos en que disminuirá. A medida que la cuarentena se amainó, vimos un mayor interés y compromiso con la oración. En los próximos días, a medida que el entusiasmo inicial dé paso a la necesidad de un compromiso sostenible a largo plazo, será importante que las iglesias planifiquen formas más estructuradas de animar a la gente a orar.

Entonces, ¿cómo crean las iglesias un marco para la oración?

Algunas iglesias cuentan con una habitación apartada para que la gente ore. Desafortunadamente, las salas de oración a menudo son habitaciones sin uso. Ofrecí asesoría a una iglesia que usaba la sala de oración como almacén. El mensaje en cuanto a la baja prioridad que esa iglesia daba a la oración era dolorosamente evidente.

Una iglesia en Arkansas tenía quizás el mejor enfoque en la oración que cualquier otra congregación que yo haya visto.

Durante una década, tuvieron siempre a alguien para mantener una cadena de oración las veinticuatro horas del día, todos los días de la semana. Cuando una persona terminaba de orar, era responsable de llamar a la siguiente persona en la lista. Entonces, el miembro de la iglesia que oraba de 2:00 a. m. a 3:00 a. m. los jueves, por ejemplo, llamaba a la persona responsable de orar a las 3:00 a. m.

En Church Answers fundamos un ministerio de oración que se está utilizando en muchas iglesias alrededor del mundo. El ministerio, llamado Pray and Go [Ora y ve] (prayandgochurch.com), procura combinar el mandato de la Gran Comisión y el mandato de Cristo a todos los creyentes a la oración.

El concepto es sencillo. Los miembros de la iglesia caminan por la comunidad y oran por los hogares por los que pasan. Después de orar, dejan una nota en la puerta para que los residentes sepan que alguien oró por ellos. Los residentes tienen la oportunidad de conectarse con la iglesia o hacer peticiones de oración. Casi todos en la iglesia pueden llevar a cabo este ministerio.

Los puntos clave para un ministerio de oración exitoso son tres. Primero, el liderazgo de la iglesia debe tener la intención de mantener la oración como la primera prioridad de la congregación. Aun con el paso de la cuarentena a la poscuarentena, las iglesias han mantenido un fuerte énfasis en la oración. Dios le dio ese impulso a la iglesia en una etapa desafiante; lo cual debe continuarse y cultivarse.

En segundo lugar, los líderes de las iglesias deben promover periódicamente el énfasis en la oración a fin de avivar el fuego. Recuerda el principio de la fluctuación. Las iglesias no pueden mantener iniciativas que requieren mucha intensidad por tiempo indefinido. Desafortunadamente, cuando una iniciativa de oración comienza a menguar, la mayoría de los líderes de iglesias se mueven hacia la tiranía de lo urgente. Al contrario, deberían estar planificando la próxima etapa de énfasis. Es posible que sea de aquí a un año, pero se debe animar a los miembros a que hagan de la oración colectiva una prioridad habitual.

Recuerda la historia de la primera iglesia en Jerusalén. La congregación corría un gran riesgo de perder su enfoque en la oración y en la Gran Comisión. La disputa entre quienes apoyaban a las viudas griegas y quienes apoyaban a las viudas hebreas se había convertido en una gran distracción. La situación fue descrita como que había «muestras de descontento».[7]

Recuerda también la solución. Por supuesto que las viudas necesitaban el ministerio. Los líderes de la iglesia solucionaron el asunto al capacitar a otros para hacer la obra del ministerio.[8]

Al asegurarse de que se desarrollara otro ministerio, los apóstoles lograron mantener su enfoque en dos cosas: la oración y la enseñanza de la Palabra. Este énfasis mantuvo a la iglesia con el enfoque adecuado. Como resultado: «El número de creyentes aumentó en gran manera».[9]

En tercer lugar, se debe alentar a los miembros a *orar* y *esperar*. No siempre habrá respuestas inmediatas y evidentes.

Solo fíjate en los ejemplos de Abraham y Sara mientras esperaban a su hijo prometido. Cada cierto tiempo, se les debe recordar a los miembros que la mano invisible de Dios sigue obrando. No dejes de recordarlo. No dejes de orar.

¿Cuáles serán los indicadores de la cuarentena por la COVID-19?

Con raras excepciones, los indicadores de la historia no se reconocen en el momento en que ocurren. A menos que un suceso constituya un hito importante o una tragedia, a menudo no vemos cómo la historia a nuestro alrededor va tomando forma.

La pandemia es un buen ejemplo, especialmente para las iglesias. Solo podemos especular sobre cómo Dios está obrando para dar forma a la era poscuarentena, pero podemos ver algunos de los primeros indicadores, tanto buenos como malos. Desde una perspectiva negativa, vemos que se cierran más iglesias. La mayoría de estas iglesias ya estaban en decadencia; la pandemia simplemente aceleró su desaparición. Para usar la metáfora de la COVID-19, sus muertes fueron el resultado de una nueva enfermedad combinada con afecciones subyacentes.

En el lado positivo, también conocemos que muchas iglesias entraron a la era poscuarentena con mayor determinación y, lo que es más importante aún, con una mayor dependencia de Dios. Muchas de estas iglesias serán más fuertes y eficaces. Muchas de ellas también ayudarán a otras iglesias a ser más efectivas.

En los primeros días de la cuarentena, a varios líderes y miembros de iglesias les preocupaba que sus finanzas cayeran significativamente, y que sus fondos resultaran insuficientes para apoyar y continuar los ministerios. Si bien ese escenario se materializó en algunas iglesias, ciertamente no fue el caso para muchas otras. Por el contrario, muchas congregaciones se fortalecieron económicamente.

Otro indicador revelador que quizás aparezca en la era poscuarentena es la forma en que muchas iglesias se adaptaron e innovaron. Este espíritu creativo se evidenció durante la cuarentena en iglesias de todos los tamaños y ubicaciones. Estas congregaciones no solo demostraron su resiliencia; sino también una nueva fuerza para seguir adelante. Muchos ya están cosechando los beneficios en los días posteriores a la cuarentena.

Uno de los puntos de avance que seguiré más de cerca es el aumento de la intensidad de la oración. En realidad, vimos que la oración se convirtió en un enfoque principal durante la pandemia. ¿Se mantendrá esa intensidad en los meses y años venideros?

Aún más, ¿podremos considerar la pandemia como el comienzo de un nuevo avivamiento espiritual en todo el mundo? ¿Usó Dios el movimiento de oración para traer un verdadero avivamiento a nuestra tierra? Solo el tiempo lo dirá.

Sin embargo, hay algo que podemos saber con certeza: Dios honra a las iglesias que oran. Él responde las oraciones de las personas que interceden. Aunque solo podemos esperar y ver si a esto le sigue un poderoso despertar espiritual, entre tanto, podemos obrar en el poder de Dios para asegurarnos de que nuestras iglesias sean iglesias de oración.

Durante la cuarentena, vimos cómo la oración llegó a un nivel nuevo y poderoso. Si somos obedientes y seguimos siendo casas de oración, si una postura duradera de oración se arraiga verdaderamente en nuestras iglesias, podremos decir que Dios utilizó la pandemia de una manera poderosa como pocos acontecimientos que hemos conocido.

Tres ideas

1. Piensa en los ministerios de oración que tuvieron lugar en tu iglesia durante la pandemia. ¿Perduran estos todavía hoy?
2. Piensa en otros miembros de la iglesia que puedan unirse a ti en oración de manera regular por tu iglesia y por la comunidad.

3. Piensa en las tecnologías que tu iglesia usó durante la pandemia y las formas en que esas tecnologías se pueden usar para los ministerios de oración en la actualidad.

QUINTO DESAFÍO

RECONSIDERA EL USO DE TUS INSTALACIONES PARA OPORTUNIDADES INCIPIENTES

Mi equipo y yo hemos estado ofreciendo consultas a iglesias por más de treinta años.

Basado en esta declaración, puedes arribar a dos conclusiones. Primero, tenemos mucha experiencia. Segundo, soy viejo.

Tendrías razón en ambos casos.

Hemos realizado cientos de consultas presenciales y miles de consultas telefónicas. En años recientes, hemos añadido las video consultas.

Aunque cada congregación es diferente, muchas tienen ciertas similitudes. De hecho, vemos patrones que se vuelven sorprendentemente predecibles. Un pastor supuso que ya había llegado a mis propias conclusiones sobre su iglesia después del primer día de nuestra consulta presencial. Su declaración no fue del todo certera, pero algunas de mis primeras predicciones demostraron ser ciertas.

Hay muchos patrones comunes entre las iglesias.

Una consulta en particular y bastante reciente viene a mi mente. En el primer capítulo, comencé a describir esta iglesia. Permíteme ahora detallar la historia.

La iglesia en cuestión había estado declinando lentamente durante ocho años consecutivos. Aunque el declive nunca fue catastrófico en ningún año en particular, el efecto acumulativo sobre los múltiples años era desalentador para los líderes y la membresía.

Después de cinco años de disminución en la asistencia, los líderes se convencieron de que el problema radicaba en sus instalaciones arcaicas e inadecuadas. Para ser claros, la iglesia tenía suficiente espacio tanto para los asistentes a los servicios de adoración como para los asistentes a los grupos pequeños en el campus. Simplemente sintieron que las instalaciones no atraían a la comunidad circundante.

Así que la iglesia se embarcó en un proyecto multimillonario de renovación y construcción. Tuvieron suerte de que los miembros dieron con generosidad para la campaña, por lo que la iglesia no incurrió en mucha deuda.

El centro de adoración fue renovado. El salón de comunión y la cocina fueron totalmente restaurados. Las oficinas y las aulas fueron modernizadas. Y el aspecto central del proyecto fue la construcción de un nuevo edificio de actividades, que incluye un gimnasio y un espacio flexible para reuniones grandes y pequeñas.

El proyecto se terminó. Se realizaron servicios de celebración. Y los líderes y los miembros de la iglesia esperaban que más personas asistieran. No obstante, el declive continuó sin cesar.

El liderazgo de la iglesia estaba desconcertado, frustrado y avergonzado. Habían estado tan seguros de que las nuevas y modernas instalaciones serían la solución a años de declive. Finalmente, llamaron a nuestro equipo en Church Answers.

Puesto que los edificios renovados eran una pieza clave de su estrategia de crecimiento, decidí unirme a dos miembros de mi equipo en un recorrido por las instalaciones. Un anciano de la iglesia, con amabilidad y orgullo, nos mostró el lugar.

En verdad, la obra era sorprendente. Todo parecía acogedor y modernizado. El edificio de actividades era impresionante y sumamente funcional.

Cuando entramos en esta nueva construcción, noté un documento bastante grueso sobre un escritorio. No pude evitar leer su título: «Políticas y procedimientos para el uso de las instalaciones de la iglesia». Le pregunté al anciano si podía mirarlo. Con gusto me invitó a hacerlo.

Me quedé aturdido. Sentí como si estuviera leyendo un tratado gubernamental. Las restricciones y las regulaciones para usar el edificio eran voluminosas. Ni siquiera podía recordar todos los reglamentos después que terminé de leerlos, pero una estipulación en particular llamó mi atención. Lo que puedo recordar es que leí algo así: «No se permite a los no miembros de la iglesia usar el edificio a menos que sean invitados por un miembro. Los miembros deben acompañar a los no miembros en todo momento».

¡Uf!

Le pregunté al anciano la razón de estas restricciones y políticas; y pude haber adelantado su respuesta. Nos respondió que la gente de la comunidad que comenzó a visitar al edificio estaba «realmente arruinando el lugar». En vez de tener algunas pautas sencillas para que todos las siguieran, la iglesia decidió asegurarse de que los miembros de la comunidad no pudieran entrar al edificio por su cuenta. En poco tiempo, los no miembros dejaron de usar el edificio.

Una nueva mentalidad sobre las instalaciones de la iglesia

La iglesia que visitamos tenía un problema que iba más allá de crear un foso metafórico alrededor de sus instalaciones. El gran problema era su mentalidad. Estaban enfocados hacia adentro. La iglesia se había convertido en un club social exclusivo, y la membresía tenía sus privilegios. Los programas, los ministerios, los recursos y las instalaciones eran fundamentalmente solo para personas de adentro. La Gran Comisión se había vuelto una gran *omisión*.

No todas nuestras consultas conducen a los resultados o las respuestas que deseamos. Sin embargo, esta tuvo una conclusión sorprendentemente positiva. El liderazgo tomó en serio nuestra evaluación de que la iglesia tenía que desarrollar una nueva mentalidad o continuarían en el camino del declive. El pastor hizo una audaz declaración que resultaría fundamental en su nuevo camino: «Nos hemos convertido en un club de campo pseudoespiritual».

Al seguir en contacto con los líderes de la iglesia después de la consulta presencial, trabajamos con ellos en medio de los desafíos que inevitablemente enfrentaron. Sobre todo, la mayoría de los miembros se habían acostumbrado a la mentalidad de club de campo de la iglesia. Les gustaba que se satisficieran sus propias preferencias. En realidad, querían la iglesia a su manera y no de otra.

Aunque los obstáculos siempre estuvieron presentes, el liderazgo persistió, y poco a poco la iglesia se volvió más enfocada hacia afuera. Algunos de los primeros esfuerzos se centraron en establecer una nueva mentalidad con respecto a sus instalaciones. Esos cambios en particular irritaron al subgrupo de miembros que veían el nuevo edificio de actividades como un ámbito exclusivo para su propio uso.

En muchos sentidos, el pastor compartió conmigo en una video llamada, que abrir las instalaciones a la comunidad fue el impulso que hizo avanzar a la iglesia. Después de todo, los edificios y, en especial, el centro de actividades, eran los símbolos más visibles de un enfoque hacia adentro. Cuando el liderazgo comenzó a hacer cambios en cómo se usarían los edificios, otras acciones que fomentaban un enfoque hacia afuera les siguieron con rapidez.

A menudo escuchamos que «el edificio no es la iglesia; las personas son la iglesia». Con mucha frecuencia, ese sentimiento se manifiesta cuando hablamos de la asistencia a la iglesia o de las instalaciones de la iglesia. En ambos casos, la conversación es sobre los miembros de la iglesia, y los miembros de la comunidad que llegan a un lugar físico donde la iglesia se reúne.

No me disculpo por defender la asistencia fiel. La iglesia reunida, ya sea en un edificio, en una casa o en un campo, es una parte vital de la vida de la iglesia. Ni siquiera dudo en usar la frase que a menudo recibe una inmensa resistencia: «Voy a la iglesia». Supongo que debo ser más preciso teológicamente y decir que voy a *reunirme con* la iglesia.

Del mismo modo, puedo ver muchos beneficios que surgen del uso correcto de las instalaciones de las iglesias. Con toda seguridad, demasiadas iglesias son malas administradoras de sus instalaciones. Su tasa de ocupación es tan baja como la de un estadio de fútbol universitario. Los días entre semana, la mayoría de las instalaciones de las iglesias están desprovistas de personas.

Sin embargo, ese no tiene que ser el destino del edificio de la iglesia. En lugar de discutir la semántica sobre «ir a la iglesia», muchos líderes de iglesias están comenzando a ver que sus instalaciones pueden ser una herramienta poderosamente útil para el ministerio, pero eso solo puede suceder con un cambio de mentalidad.

Como señalé en el primer capítulo, los líderes y los miembros de las iglesias reconocieron durante la cuarentena que la iglesia todavía existía; independientemente de sus instalaciones físicas. Ayudados por las herramientas relativamente nuevas de la tecnología digital, los miembros de las iglesias pudieron adorar juntos, aunque a la distancia. Pudieron orar juntos, estudiar la Biblia juntos y ministrar a otros juntos.

De manera paradójica, mientras estos líderes y miembros asimilaban que la iglesia podía seguir siendo efectiva sin edificios durante la pandemia, también comenzaron a extrañar las instalaciones a las que no se les permitía ingresar. Los edificios no eran necesarios; pero podrían ser herramientas útiles y deseables para el ministerio.

La pandemia trajo un cambio de mentalidad con respecto a las instalaciones de las iglesias. Aunque no se necesitaron en lo absoluto para que tuviera lugar la ministración, son dones de recursos dados por Dios que podrían ser usados para Su gloria.

Por tanto, la iglesia poscuarentena tiene una oportunidad emocionante de reconsiderar cómo usamos nuestras instalaciones. Incluso en este punto, en el que ya nos podemos volver a reunir y hay una reapertura, estamos viendo acciones definitivas en esta dirección.

Instalaciones para la comunidad

Recientemente dirigí un ejercicio divertido con varios líderes de iglesias. Todos los pastores recibieron un informe demográfico y psicográfico de sus respectivas comunidades, y estas se definieron por la cantidad típica de tiempo que la mayoría de los asistentes a la iglesia necesitan para llegar en auto a un servicio de adoración. El tiempo más común fue de diez minutos.

Utilizamos una herramienta útil que brindamos en Church Answers llamada el informe Know Your Community [Conoce tu comunidad] (puedes encontrarlo en churchanswers.com/solutions/tools/know-your-community/. Disponible solamente en inglés). La tarea era sencilla: Observa la demografía y la psicografía de tu comunidad para descubrir cinco formas en que las instalaciones de tu iglesia se pueden utilizar para *alcanzar* a tu comunidad. Les recordamos a los pastores que la demografía define las características estadísticas de las poblaciones, como edad, ingresos, género, raza y otros factores. La psicografía define la población de acuerdo a sus actitudes, aspiraciones y comportamientos.

Los pastores tomaron una hora para estudiar con detenimiento los datos en sus respectivos informes. Podías sentir la energía en la habitación a medida que ellos comenzaban a abrir sus mentes a nuevas posibilidades.

Al volver a reunirnos, les expliqué que el único propósito del ejercicio era ayudarlos a desarrollar una mentalidad diferente con respecto a las instalaciones de sus iglesias. La clave es ver el edificio de la iglesia desde la perspectiva de la *comunidad* y no la de los miembros de su iglesia. Para ser claros, los edificios de las iglesias todavía tienen como propósito ser usados también por los miembros de las iglesias, pero la mayoría de las iglesias no consideran la perspectiva de la comunidad.

Sus respuestas me animaron mucho.

Marvin, un pastor de Oklahoma, sabía que los vecindarios cerca de su iglesia tenían muchas familias jóvenes, pero se sorprendió al descubrir que la cantidad de niños menores de doce años era el doble del promedio nacional. Nunca había guiado a su congregación a ser intencional para alcanzar estas familias jóvenes.

«Tenemos dos cosas a nuestro favor —compartió Marvin con entusiasmo—. Contamos con una gran maestra al frente del ministerio de niños. Ella ama su ministerio y ama a los niños —Marvin continuó—: También tenemos una *noche de salida para padres* cuarenta semanas al año. Nuestros padres más jóvenes en la iglesia realmente aprovechan este ministerio».

Sonrió y expresó con entusiasmo: «Pero nunca hemos hecho algo para extender estos ministerios a las familias en la comunidad que no asisten a la iglesia. Siempre ha sido un ministerio para servir a los miembros de la iglesia. No tomará mucho hacer correr la voz. No tenemos que reinventar la rueda. Solo necesitamos reenfocar estos dos ministerios de una mentalidad exclusiva para miembros a un alcance comunitario».

Andrew, un pastor de una iglesia cerca de Sacramento, tenía una historia especialmente conmovedora que relatar. Mientras lo miraba inspeccionar la demografía de su área, noté que estaba llorando. Le pregunté si se sentía bien.

«Mire este renglón —me mostró con una mano temblorosa—. Observe la cifra de madres solteras a unos doce minutos en auto de nuestra iglesia. Imagine todas las luchas que enfrentan —Andrew hizo una pausa y respiró profundo—. Hace unos cinco años que estoy en mi iglesia, y en todo ese tiempo, no hemos hecho nada, *cero*, para ministrar a estas madres solteras.

Nuestro campo misionero está justo delante de nuestras narices, y lo hemos pasado por alto completamente».

Comenzó a nombrar varios posibles ministerios para alcanzar a estas madres. «Supongo que el cuidado de niños es una gran necesidad. Nosotros no tenemos una guardería ni un preescolar, pero podríamos ofrecer una *noche de salida de padres* como Marvin describió en su iglesia. Podríamos ofrecer cuidado de niños después de la escuela. Las posibilidades son infinitas. Supongo que debemos empezar a preguntarles a estas madres cómo podemos servirles de la mejor forma».

La demografía de la iglesia de Rick en Florida se inclinaba hacia los ancianos, lo cual tenía sentido porque una de las comunidades de retiro más grandes del estado se encontraba a diez minutos de su iglesia.

«No me sorprenden estas cifras —comentó Rick—, pero nunca las he mirado a través de la lente de alcanzar a los más ancianos de la generación de los *baby boomers* con nuestras instalaciones. Ahora mi mente está llena de ideas. Si nuestra área está dominada por adultos mayores, deberíamos usar nuestras instalaciones para llegar a ellos».

Estos son los tipos de conversaciones que abundaron durante la pandemia. Ahora, en el mundo poscuarentena, la pregunta se repite con fervor: ¿Cómo podemos utilizar nuestras instalaciones para alcanzar y ministrar a nuestra comunidad?

Es una buena pregunta.

Asociaciones con la comunidad

A medida que el mundo sale más plenamente de la cuarentena y se reanudan más actividades, debemos esperar un número cada vez mayor de asociaciones, con respecto a las instalaciones, entre iglesias y organizaciones comunitarias. Una serie de congregaciones afroamericanas han estado a la vanguardia de este movimiento durante muchos años, pero la mayoría de las iglesias han evitado estas relaciones por varias razones.[1]

La razón más común es la falta de conocimiento o experiencia. Simplemente no ha sido la práctica de la mayoría de las congregaciones estadounidenses compartir sus instalaciones con grupos externos. En otras palabras: «Nunca antes lo hemos hecho así».

Nuestro equipo a menudo escucha a los líderes de iglesias expresar que tales asociaciones no se pueden hacer, sobre todo entre una iglesia sin fines de lucro, y un negocio con fines de lucro. El temor frecuente es la pérdida de su estatus sin fines de lucro. Aunque es verdad que los líderes de iglesias deben buscar orientación legal y financiera antes de iniciar una asociación, simplemente no es cierto que no se puede hacer. De hecho, muchas iglesias han estado compartiendo sus instalaciones de forma legal y ética durante años.

Las asociaciones con entidades gubernamentales también son posibles. Como señalé anteriormente, hace poco estuve en una iglesia donde la policía local utilizaba un espacio significativo como subestación. Muchas iglesias han estado usando el espacio de escuelas públicas durante años, en especial para la plantación de iglesias. Procuremos la tendencia a la reciprocidad: escuelas que utilicen el espacio de las iglesias.

Históricamente, la mayoría de los líderes de iglesias no han tenido problemas al compartir espacio con otras organizaciones sin fines de lucro, en particular si tienen una misión complementaria. Esperamos que se incrementen estos tipos de relaciones en los años venideros.

La pura verdad es que la mayoría de las iglesias han sido penosamente ineficientes en el uso de sus instalaciones. Llamémoslo como es: mala mayordomía. Año tras año, cientos de millones de dólares en terrenos y edificios han permanecido inactivos durante la mayor parte de la semana. Gracias a Dios, esta práctica prolongada está cambiando finalmente. Incluso antes de la pandemia, había señales de cambio, pero ahora que los pastores, el personal y las congregaciones han sobrevivido a un extenso período sin instalaciones, todos se han vuelto más conscientes de la necesidad y de los beneficios potenciales del cambio. Una tasa de ocupación de un promedio de diez por ciento simplemente no puede continuar.

«Si fuimos capaces de ser la iglesia sin edificios —compartió un pastor de Wisconsin con nosotros—, no existe razón alguna por la cual no podamos usar nuestros edificios de manera más efectiva. Tenemos que verlos como herramientas para el ministerio». Una forma evidente de utilizar estas herramientas es hacer que las instalaciones de las iglesias estén disponibles para que otras organizaciones las usen.

Esta tendencia puede estar en parte motivada por el deseo de compartir el precio de los costosos y a menudo antiguos edificios, pero la motivación debe ir más allá de la administración financiera. Los líderes de iglesias deben comenzar a darse cuenta de que una asociación respecto a las instalaciones con una organización local es una vía para que la iglesia alcance verdaderamente a sus vecinos.

Cuando la iglesia abre sus puertas a la comunidad al hacer que sus edificios estén disponibles para otros usos, la comunidad «acude a la iglesia». Tales asociaciones tienen oportunidades evangélicas escritas por todas partes.

El centro de adoración poscuarentena

En el primer capítulo, comencé un debate sobre el centro de adoración o santuario físico. Ampliemos esas ideas.

Durante medio siglo, el tamaño del santuario o centro de adoración con frecuencia era visto como un indicador del éxito y la vitalidad de las iglesias. Dirigidas típicamente por pastores de las generaciones *builder* (nacidos antes de 1946) y *boomer* (nacidos entre 1946-1964), estas congregaciones a menudo parecían estar en una carrera por ver quién construía el edificio más grande y más moderno.

Lee la historia de muchas iglesias en los últimos cincuenta años en el sitio web de la iglesia. Sus indicadores históricos con frecuencia estaban definidos por nuevas construcciones, instalaciones renovadas o reubicación a sitios más grandes. Si alguien que no supiera nada sobre la iglesia leyera estas historias, probablemente concluiría que la mayoría de las iglesias exitosas fueron aquellas con las instalaciones más grandes y nuevas.

Muchas iglesias grandes construyeron instalaciones capaces de recibir a miles de personas en un solo servicio. Estas iglesias fueron a menudo catalogadas entre las mejores del mundo.

Luego la marea cambió.

Algunos de los cambios fueron parte de un cambio cultural religioso. A medida que la población general se volvió más secular, la gente comenzó a asistir menos a los servicios de adoración de las iglesias. Algunos de los cambios se debieron al debilitamiento del compromiso de los miembros de las iglesias. Los que en un tiempo asistían cuatro veces al mes, ahora lo hacían solo dos veces al mes. Y algunos de los cambios fueron preferenciales. La evidencia anecdótica sugiere que la generación X, la generación del milenio y la generación Z prefieren reuniones de adoración no convencionales. De hecho, parece probable que solo la generación *boomer* prefería los servicios «a lo grande».

Varias iglesias grandes se adaptaron al cambio al buscar lugares de reunión más pequeños y convertirse en iglesias multisitio y multisede. De hecho, hoy en día es raro ver una iglesia grande y en crecimiento que no sea multisitio. Muchas iglesias más pequeñas también se han vuelto multisitio.

Entonces llegó la pandemia, y las iglesias de todas las formas y los tamaños ya no podían reunirse en sus locales. La mayoría hizo bien la transición a los servicios de transmisión digital, pero la cuarentena también les dio a los líderes de iglesias el tiempo y una razón para reconsiderar cómo usaban sus instalaciones para los servicios de adoración. Varios líderes se dieron cuenta de que «la forma habitual» de llevar a cabo los servicios de adoración era de una época pasada. Dos o tres horas el domingo por la mañana funcionaba bien en una sociedad agraria, pero esos días ya han quedado atrás. La mayoría de las iglesias de hoy no cuentan con muchos campesinos.

Los líderes de iglesias también comenzaron a darse cuenta de que tendrían que ser creativos en el momento de retornar a los servicios presenciales. La relación de los congregados con el espacio disponible y la necesidad de distanciamiento social (al menos inicialmente) significaba que estos líderes tenían que reconsiderar sus servicios de adoración.

Lo que sucedió en muchas iglesias fue un replanteamiento de cómo se usaría el santuario o centro de adoración en la poscuarentena. En las primeras etapas de la reanudación de las actividades, el ajuste más común, y quizás el menos creativo, fue el aumento de la cantidad de servicios. Por supuesto, todo líder sabe que cualquier tipo de cambio en una organización genera dolor, aun cuando este no sea muy innovador.

Otros dos cambios iniciales fueron evidentes. Primero, más iglesias decidieron que podían tener servicios de adoración aparte del domingo por la mañana. Finalmente comenzaron a responder a la realidad demográfica que dicta que hasta un tercio de los adultos en edad laboral tienen que trabajar los domingos por la mañana.[2]

En segundo lugar, los servicios en línea que comenzaron o se incrementaron durante la cuarentena no van a desaparecer. Respecto a los servicios digitales y presenciales, los líderes de iglesias continuarán luchando con los desafíos de tener una perspectiva amplia y no estrecha.

Quizás la conclusión más elemental y evidente que se pueda extraer de la pandemia es que esta les dio a los líderes de iglesias una oportunidad para reconsiderar *todo*, incluido el uso de sus instalaciones físicas. Es una oportunidad que llamo «pizarra en blanco».

Sin embargo, si los líderes y los miembros de iglesias no aprovechan esta oportunidad para reconsiderar todo lo que han estado haciendo, en verdad será una oportunidad desperdiciada. Dios quizás está esperando que escribas una nueva historia para tu iglesia en la pizarra en blanco que te ha provisto.

Tres ideas

1. Piensa en cómo se utilizaban las instalaciones de tu iglesia antes de la pandemia y cómo eso está cambiando y podría cambiar más.
2. Piensa en las formas en que tu iglesia puede asociarse con otra organización en el uso de las instalaciones de tu iglesia.

3. Piensa en cómo la transmisión digital de los servicios durante la pandemia podría cambiar el futuro de tus servicios de adoración en tus instalaciones físicas.

SEXTO DESAFÍO

REALIZA CAMBIOS DURADEROS QUE MARCARÁN LA DIFERENCIA

Tu iglesia ha entrado en una nueva era.

Para ser más preciso, tu iglesia ya se estaba moviendo en esa dirección, pero la pandemia aceleró grandemente el paso. En términos de reconsiderar y reestructurar tus ministerios, probablemente te hubieran hecho falta otros cinco años para llegar adonde estás hoy sin el coronavirus, pero esos cambios estaban en camino. Es importante entender y aceptar esta verdad.

El ritmo del cambio debido a la pandemia ha sido dramático para muchas iglesias. Muchos líderes no están seguros de cómo liderar en este nuevo entorno. Muchos miembros de iglesias se sienten confundidos y temerosos. ¿Hacia dónde nos dirigimos a partir de ahora?

En este punto, nadie puede saber con precisión lo que está por delante. De hecho, podrían pasar algunos años antes de llegar a algo semejante a una nueva normalidad. Estás navegando por aguas inexploradas, y cada día traerá nuevos desafíos. Para dirigir con éxito, tendrás que hacer algunos giros. Para liderar con éxito, tendrás que hacer algunos cambios sobre la marcha.

Esto quizás sea lo último que quieras escuchar, pero para liderar con éxito en la iglesia poscuarentena, tendrás que hacerlo sin una claridad plena. Tendrás que liderar con mucha incertidumbre.

Si algo está claro, es esto: ya no puedes liderar según expectativas, perspectivas y metodologías pasadas. Una nueva era requiere un nuevo enfoque si quieres alcanzar con éxito a las personas que Dios ha puesto en tu camino.

Sin embargo, antes de analizar más de cerca la necesidad de cambio, demos un paso atrás y recordemos dos cosas que nunca cambian: la sabiduría de Dios y Su fidelidad. Sabes que Él tiene esta situación en la mano, aun cuando no estás del todo seguro de lo que tiene preparado.

Si te encuentras vacilante en este punto, o, por el contrario, si estás completamente a bordo y listo para echar a andar, permíteme recordarte cómo los apóstoles respondieron a un momento de cambios enormes en los primeros días de la iglesia: Se dedicaron a la oración y a la Palabra de Dios.[1] Independientemente de cualquier otra cosa que pueda venir, *la oración y la Palabra de Dios* deben ser las primeras y principales prioridades del camino por delante.

En los siguientes períodos de incertidumbre, será necesario que lideres el cambio, tal vez como nunca antes lo hayas hecho. Vas a tomar decisiones un día, abrazar algunas de ellas al día siguiente, y descartar otras el día después de eso.

He intentado guiarte a través de algunos de los desafíos que probablemente enfrentarás, pero es demasiado pronto para tener una comprensión total de lo que se avecina. Entonces, en este capítulo, debatamos la cuestión del cambio en sí. Hemos visto cuestiones que probablemente cambiarán, así que veamos ahora cómo podríamos liderar mejor en medio de esos cambios.

Fracasos a evitar al liderar el cambio

Comencemos por revisar algunas cuestiones clave al liderar el cambio. Si eres pastor, miembro del personal, líder laico u otro miembro activo, debes estar listo para lidiar con cambios significativos en tu iglesia. Aunque lo estamos tratando desde una perspectiva negativa —para evitar el fracaso— vale la pena señalar que los obstáculos para el cambio han estado allí por décadas. Si estas advertencias eran necesarias *antes* de la pandemia, son necesarias más que nunca en la era poscuarentena.

Falta de urgencia. Durante la cuarentena, los miembros de las iglesias probablemente aceptaron la necesidad de responder con urgencia. Después de todo, tuvieron que adaptarse casi de la noche a la mañana para pasar de los servicios de adoración presenciales a las reuniones en línea. Muchos también tuvieron que adoptar un nuevo formato para sus pequeños grupos. Muchos miembros de las iglesias tuvieron que aprender las complejidades de la videoconferencia en cuestión de horas. La necesidad de urgencia era obvia; y la gran mayoría la asimiló.

Ahora, un porcentaje de miembros de las iglesias están esperando que la iglesia vuelva a la antigua normalidad. Esto no sucederá. Y ya que quizás demore algunos años para que sepamos cómo será la nueva normalidad, los líderes de iglesias deben continuar liderando con urgencia. Deben ayudar a sus miembros a comprender que estamos en un nuevo campo misionero, y estaremos explorando y descubriendo esta nueva tierra en el futuro previsible.

En pocas palabras: No podemos hacer las cosas como siempre las hemos hecho.

No poder conseguir aliados influyentes. Ningún líder de iglesia puede liderar este vertiginoso cambio solo. Todos deben buscar la ayuda de personas influyentes en la iglesia que puedan trabajar con otros miembros para abrazar la necesidad y los medios para el cambio. Sin estos aliados, los líderes abrirán un camino nuevo sin seguidores. Eso no es liderazgo.

Falta de una visión clara. El concepto de visión está cambiando rápidamente en las iglesias, sobre todo en lo que respecta al margen de tiempo. Los líderes de iglesias están acostumbrados a comunicar una visión que cubre tres, cinco o incluso diez años. Esto ya no funciona más. En la era poscuarentena, la presentación de la visión se medirá en meses. Para expresarlo de forma sencilla, en este punto no podemos ver mucho más allá de un año.

Entonces, ¿qué significa eso para aquellos que quieren liderar con una visión lo más clara posible? Significará mejorar tu capacidad de liderar proyectos a corto plazo y de presentar una visión clara y convincente de esas ideas a corto plazo. En otras palabras, si no puedes lograr triunfos a corto plazo, tendrás dificultades para liderar un cambio efectivo. Analicemos esta cuestión con mayor detenimiento.

No poder lograr victorias a corto plazo. Tu iglesia se está moviendo hacia una etapa de gran ofuscación e incertidumbre. Es poco probable que alguien pueda ver más allá de unos meses. Los líderes, tus miembros, necesitarán aliento ahora más que nunca. ¿Hacia qué logros puedes liderar a tu iglesia en los próximos cuatro a doce meses? ¿Qué éxitos puedes celebrar próximamente y no más adelante? Estas celebraciones serán de vital importancia para que tu iglesia avance contra los vientos de la incertidumbre.

Dejar de comunicar mil veces más. Bueno, quizás «mil veces más» sea una hipérbole. O tal vez no. La mayoría de los líderes piensan que sus seguidores captan un mensaje la primera o la segunda vez que lo escuchan. En realidad, se necesitan múltiples reiteraciones en un período de tiempo prolongado para que algo se entienda, y mucho más para que los seguidores lo acepten.

¿Recuerdas con qué frecuencia los líderes gubernamentales en todo el mundo hablaban durante la pandemia? Algunos tenían sesiones informativas diarias. En tiempos de incertidumbre, los líderes deben aumentar la frecuencia de comunicación. Debemos estar preparados como líderes de iglesias para convertirnos en comunicadores frecuentes durante los días de incertidumbre poscuarentena.

Prestar demasiada atención a los obstáculos. Sé que suena terrible referirse a algunos miembros de la iglesia como obstáculos, pero algunas personas son simplemente eso. Son negativos. Si dejas que detengan la iglesia durante este tiempo de cambios turbulentos, tu congregación no hará los cambios necesarios y transformadores para prosperar en el mundo pospandémico.

Ama a esas personas negativas. Ora por ellas. Escúchalas con discernimiento, pero no les permitas socavar el impulso de una congregación que está lista y dispuesta a seguir adelante.

Entonces, ¿cómo lideramos el cambio con éxito en estos días inciertos? Los líderes más efectivos en el cambio seguirán siete principios clave.

Siete maneras de liderar un cambio duradero

Durante años, hemos trabajado y observado a líderes que son eficaces al liderar el cambio en la iglesia. La clave no es solo liderar el cambio, sino liderar un cambio que perdure.

Muchos líderes de iglesias comentaron cuán receptivos al cambio fueron los miembros de su iglesia durante la pandemia. Eso no es sorprendente. La necesidad de cambio se asimila con mayor facilidad en tiempos de crisis; no obstante, la mayoría de los miembros de las iglesias esperarán un regreso a la antigua normalidad. Así que digámoslo de nuevo: esos días se han ido para siempre. Los líderes deben liderar en un tiempo nuevo e inquietante. Aquí hay siete principios que han seguido los líderes más eficaces del cambio duradero.

1. Recuérdale a las personas su esperanza bíblica

La Biblia contiene historia tras historia sobre cambios. Abraham llevó a su familia a una tierra desconocida. Moisés sacó de Egipto al pueblo de Israel hacia una nueva tierra prometida. Josué condujo al pueblo a las promesas y los desafíos de la nueva tierra. Los primeros seguidores de Jesús hicieron viajes misioneros de un pueblo a otro, a menudo con mucho riesgo y pagando un precio muy alto.

¿Por qué estuvieron dispuestos a hacer tan grandes sacrificios? Porque confiaron en Dios; creyeron que Dios tenía un mejor plan para ellos. Tuvieron esperanza porque Dios les dio esperanza.

Aquí hay algo importante que debemos entender: Los tiempos relativamente estables que las iglesias en América del Norte han disfrutado en los últimos dos siglos son una anomalía, en comparación con otras partes del mundo, y a lo largo de la historia de la iglesia. Se podría alegar razones para afirmar que la comodidad y la estabilidad no son saludables para la iglesia. Cuando el escritor de Hebreos describe a los héroes de la fe en el capítulo 11, usa términos que hablan de incomodidad en lugar de bienestar.

Por ejemplo, Abraham, Isaac y Jacob se describen como extranjeros en cada lugar a donde viajaron. No se esperaba, ni se les permitía sentirse cómodos.

> «Fue por la fe que Abraham obedeció cuando Dios lo llamó para que dejara su tierra y fuera a otra que él le daría por herencia. Se fue sin saber a dónde iba. Incluso cuando llegó a la tierra que Dios le había prometido, vivió allí por fe, pues era como un extranjero que vive en tiendas. Lo mismo hicieron Isaac y Jacob, quienes heredaron la misma promesa. Abraham esperaba con confianza una ciudad de cimientos eternos, una ciudad diseñada y construida por Dios».[2]

Seguí las palabras de aliento y esperanza que muchos pastores pronunciaron mientras conducían a sus iglesias a la etapa poscuarentena, y fue alentador ver a la mayoría de ellos preparando bien a sus congregaciones.

El siguiente es un ejemplo de cómo un pastor transmitió palabras de esperanza a su congregación: «Tuvimos que cambiar constantemente. No teníamos miedo de probar cosas que nunca antes habíamos hecho, pero cada semana llegaba nueva información, lo que significaba que teníamos que probar cosas nuevas todo el tiempo».

También abordó las oportunidades posibles gracias a la tecnología digital: «La iglesia en línea nunca más será una idea de último momento para nuestra iglesia. Es parte de nuestra nueva realidad».

Y este pastor fue transparente en cuanto a su propia incertidumbre al comunicar un claro mensaje de esperanza: «Admito que estoy un poco nervioso por nuestra iglesia al entrar en una nueva etapa —escribió—, pero estoy orgulloso de nuestra iglesia. Comprendimos que no estábamos haciendo esto solos, y comprendimos que entraríamos en esta nueva etapa con gran esperanza porque el Espíritu nos guiará y fortalecerá en cada paso del camino».

2. Recuerda, el cambio cultural es lo último

Varios líderes han intentado cambiar la cultura como primer paso hacia el cambio duradero. Esto siempre falla. No podemos declarar a través de sermones y otras formas de comunicación que la membresía debe cambiar su realidad cultural. Los cambios culturales constituyen el fin, no los medios.

Me recuerda a una reunión de líderes a la que asistí hace muchos años en una organización cuya cultura se caracterizaba por el miedo y la confusión. Cuando el líder comenzó la reunión, les exigió: «¡Quiero que todos se sientan felices!». No terminó bien.

No podemos exigir ni anunciar la existencia de una cultura nueva y saludable. La cultura es el resultado de acciones acumulativas, no es algo que hagamos para corregir actitudes y entornos. Permíteme mostrar un ejemplo en el contexto del matrimonio.

Mi esposa y yo llevamos mucho tiempo de casados. De hecho, hemos estado comprometidos o casados tres cuartas partes de nuestras vidas. Nuestro matrimonio es saludable pero no perfecto. Uno de los mejores tiempos de transformación en nuestro matrimonio comenzó cuando le pedí a Nellie Jo que estudiáramos juntos *El desafío del amor*.

El desafío del amor es un libro para que esposos y esposas sigan sus indicaciones juntos durante cuarenta días.[3] Cada lectura diaria termina con un «desafío»: una acción positiva que cada cónyuge debe hacer en beneficio del otro. Al final de los cuarenta días, el esposo y la esposa habrán hecho cuarenta acciones específicas para animarse mutuamente y fortalecer su matrimonio.

Puedo dar testimonio de que la cultura de nuestro matrimonio fue transformada por acciones específicas y positivas. No declaré al principio que Nellie y yo necesitábamos ser más felices en nuestro matrimonio. Nuestro matrimonio se tornó más feliz y saludable como resultado de lo que hicimos durante los cuarenta días.

La cultura de tu iglesia cambiará hacia la dirección correcta si diriges a tu congregación de manera consistente con pasos positivos específicos. Lo más probable es que todavía no sepas cuáles serán esos pasos, pero se harán evidentes a medida que comiences a abordar los desafíos y las oportunidades en tu iglesia. Dios te los irá aclarando.

Debes tener siempre una disposición a actuar. Si no, tu iglesia perderá las oportunidades que surjan en la era poscuarentena.

3. Los pasos de acción visibles son esenciales

He escrito muchos libros con la palabra *iglesia* en el título. Sin embargo, un libro que *no he* escrito podría describir el estado de la mayoría de las congregaciones, en especial, las congregaciones estadounidenses: *Iglesia rutinaria*.

Nuestras iglesias han sido lentas para cambiar. Los tiempos de adoración son los mismos de siempre. El orden del servicio suele ser el mismo año tras año. Los programas y los ministerios van y vienen, pero en general son lo mismo.

Este patrón no se limita a las iglesias más antiguas y más establecidas. Incluso las iglesias más nuevas quedan atrapadas en el ajetreo de la vida de iglesia y no dan pasos innovadores de forma regular.

Hemos estado sintiendo esa reprensión interna durante años en nuestras iglesias. La cultura circundante está cambiando. Se hace más difícil mantener el crecimiento y la vitalidad. No podemos continuar «haciendo iglesia» de la manera en que siempre lo hemos hecho y esperar los resultados en la Gran Comisión.

Cuando la pandemia nos golpeó, esta difícil situación se exacerbó por algo que no vimos venir. Alcanzar a la gente había sido desafiante antes del distanciamiento social; ahora se ha vuelto *dolorosamente* desafiante.

Una publicación en redes sociales conectada a un artículo que escribí nos da una imagen vívida de solo uno de los desafíos que enfrentan las iglesias en la era poscuarentena. La escritora se identificó como Susan, una persona que había estado activa en su iglesia por muchos años.

> «Hace muchos años que voy a la iglesia. Ni siquiera sé el tiempo exacto. Era lo que se suponía que debía hacer. Ahora duermo el domingo, y puedo o no ver el servicio en Facebook. Realmente me gusta este nuevo horario. En verdad no estoy segura de querer volver a la iglesia como solía hacerlo. Es un tremendo fastidio».

En la era poscuarentena, ¿qué moverá a las personas como Susan a volver a las reuniones presenciales? Entre otros factores, necesitarán ver una iglesia que marque la diferencia, una iglesia que realmente toque vidas. Y necesitarán ver una *acción* consistente dirigida hacia la comunidad. Ya no es suficiente que una iglesia tenga una declaración de visión ingeniosamente redactada. Las palabras deben estar respaldadas por la acción.

La necesidad de un enfoque hacia afuera, y de una acción correspondiente, es la misma que antes de la pandemia. Sin embargo, ahora la necesidad es exponencialmente más urgente. Las iglesias deben demostrar victorias a corto plazo y acciones continuas en la comunidad y a favor de la comunidad. Los equipos de planificación a largo plazo de ayer deben convertirse hoy en grupos de acción a corto plazo.

4. Los aliados siguen siendo fundamentales

Como citamos anteriormente, un peligro común para los pastores que lideran el cambio es la incapacidad de conseguir aliados. Este asunto es ahora esencial para los cambios posteriores a la cuarentena.

Durante la pandemia, notamos a varios líderes trabajando con personas influyentes en la iglesia a fin de preparar a la congregación para el cambio. Los líderes más efectivos no solo se enfocaron en liderar el cambio durante la pandemia; sino que también consiguieron aliados para el futuro, cuando las iglesias pudieran reunirse de nuevo.

Ahora que las iglesias se reúnen en la etapa poscuarentena, tanto digital como presencialmente, estas alianzas han adquirido una mayor importancia. Los principales influyentes gozan de la atención de la congregación, que los buscan tanto por su autoridad formal como informal. Los miembros de las iglesias no solo quieren escuchar a sus pastores, ancianos, personal y otros líderes oficiales; también quieren escuchar a estos líderes informales, en quienes confían y a quienes siguen.

En la iglesia poscuarentena, el cambio ocurrirá más rápido de lo que la mayoría de los miembros de las iglesias han visto. La cultura estaba cambiando de manera evidente antes de la pandemia. Ahora está cambiando a un ritmo impresionante. Los miembros de las iglesias deben escuchar de sus líderes que Dios tiene el control y que la iglesia está avanzando en Su fuerza, pero también deben escuchar estos mensajes positivos y alentadores de aquellos que no están en puestos formales de liderazgo. La colaboración es imprescindible. Consigue aliados de influencia, independientemente de sus funciones en la iglesia.

5. La comunicación debe incrementarse de forma exponencial

Sí, la comunicación es vital en cualquier período de cambio; es decir, *siempre*. Sin embargo, la iglesia está entrando en una nueva era, un tiempo que puede ser confuso e intimidante a la vez. No recuerdo en toda mi vida, un momento donde haya más incertidumbre sobre el futuro de las congregaciones locales que ahora.

Cada iglesia necesita actualizar su enfoque. Cada iglesia necesita asegurarse de que los cambios en curso traerán mejoras. Cada iglesia necesita saber hacia dónde se dirige.

La comunicación debe venir desde el púlpito. Desde el sitio web de la iglesia. De las redes sociales. De los boletines. De las conversaciones informales. De las reuniones.

Repite. Y repite de nuevo.

En pocas palabras, en los tiempos de cambio no existe el exceso de comunicación. La buena comunicación es uno de los rasgos primarios necesarios en los líderes efectivos. Esta cualidad será invaluable en la iglesia poscuarentena.

6. Los líderes deben estar dispuestos a aceptar la pérdida de miembros

Este desafío será uno de los más difíciles para los líderes de iglesias en esta etapa. A ningún pastor o líder le gusta perder miembros. Por lo general, para los pastores es doloroso perder incluso al miembro más negativo de la iglesia. El abandono de la iglesia por parte de un miembro, comúnmente es un tema de preocupación entre otros miembros de la iglesia; se convierte en una cuestión de confianza y unidad.

El cambio es bastante difícil en las iglesias, pero el ritmo del cambio necesario para la era poscuarentena será rápido. Algunos miembros no podrán mantener el ritmo. Otros se frustrarán. Algunos se enojarán hasta el punto de marcharse.

Con razón, los líderes de iglesias desearán proveer un cuidado pastoral a estos miembros heridos. De hecho, aquellos que luchan con el cambio necesitarán y merecerán atención apoyada en oración. Sin embargo, debemos asegurarnos de no prestar demasiada atención a los miembros negativos, de manera que se descuide a los miembros sanos de la iglesia. Del mismo modo, no debemos gastar demasiada energía en los detractores de manera que la iglesia pierda su enfoque.

En realidad, la misión de la iglesia puede verse en peligro y socavada cuando los detractores reciben demasiada atención. Los líderes, lamentablemente, deben estar dispuestos a dejar que algunos miembros de la iglesia se marchen. La era poscuarentena puede ser un tiempo de gran oportunidad o un tiempo de gran lucha. Una de las cuestiones clave será lidiar con la realidad de la pérdida de miembros.

7. Los líderes deben alinearse con el futuro

En pocas palabras, los líderes de iglesias deben considerar cada decisión basados en las nuevas realidades del mundo poscuarentena. Eso es lo que significa alinearse con el futuro.

Por ejemplo, cuando los miembros del personal se van, considera cómo reemplazarlos (o no reemplazarlos) teniendo en mente las necesidades de la nueva cultura emergente.

Si tu iglesia ha estado ocupada con muchos programas, considera si se necesita eliminar algunos o pasarlos a una plataforma digital.

A medida que tu iglesia decide con respecto a las instalaciones, considera las nuevas realidades de la iglesia reunida y dispersa.

Si tu iglesia decide aumentar el énfasis en los grupos pequeños, valora si hay nuevas y mejores formas de reunirse. En otras palabras, las reglas han cambiado en la era poscuarentena. Prepárate para adaptarte.

Un líder de la iglesia manejó un problema del personal con previsión y creatividad. Cuando el copastor se retiró durante la pandemia, el pastor principal miró hacia el futuro. En lugar de reemplazar al pastor retirado por otro copastor con el mismo plan de trabajo, la iglesia decidió añadir a un pastor docente cuyas responsabilidades principales serían los ministerios digitales de la iglesia. Hasta el momento de escribir este libro, la iglesia tiene tres buenos candidatos. No es de sorprender que los tres sean relativamente jóvenes y que dominen las tecnologías digitales. Al reconsiderar las necesidades de su iglesia y su comunidad, los líderes pueden cambiar hacia un nuevo enfoque ministerial.

La esencia de liderar el cambio es liderar un cambio *duradero*. A medida que las iglesias continúan adaptándose en la era poscuarentena, muchos miembros de las iglesias probablemente esperarán que las cosas vuelvan a la antigua normalidad, pero eso no puede suceder si la iglesia quiere sobrevivir y prosperar en la era pospandémica. Los líderes deben liderar teniendo en cuenta las nuevas realidades.

Tres ideas

1. Piensa en cuán receptiva al cambio fue tu iglesia durante la cuarentena, y ten en cuenta las lecciones que puedes aprender de ese período.
2. Piensa en qué áreas de tu iglesia ya han tenido lugar los cambios más beneficiosos.
3. Piensa en qué áreas tu iglesia puede enfrentar algunos de sus mayores desafíos para adaptarse y cambiar en la era poscuarentena.

IDEAS FINALES

DE LOS DESAFÍOS A LAS OPORTUNIDADES

Es fácil hablar con certeza y claridad de lo que *no* está cambiando en la iglesia poscuarentena.

La Biblia aún es la Palabra de Dios.

Cristo aún es el único camino para la salvación.

La oración aún es vital.

El evangelismo aún es un mandato.

Y sin dudas, podríamos alargar la lista.

El Dios que servimos es el mismo ayer, hoy y por los siglos. Sin embargo, para los líderes y miembros de iglesias en la era poscuarentena, el cambio está llegando a un ritmo acelerado. Yo creo que, a estas alturas, ya debes haber entendido el mensaje claramente. Las iglesias que se niegan a cambiar declinarán de manera inevitable o incluso, morirán. Tajante, pero cierto.

En los capítulos anteriores, y en tu propia observación en la iglesia y en la comunidad, has visto sin dudas más de veinte formas en que el cambio está llegando a nuestras congregaciones. Habrá muchos más cambios que no podemos predecir.

Aquellos que han leído mis libros y artículos, o que han escuchado mis conferencias, mis seminarios en línea y mis podcasts, saben que siempre deseo que mi audiencia salga con un plan de acción claro. En este capítulo final, ofrezco algunos cambios tangibles que veo en el futuro inmediato de las iglesias. Aunque no son planes de acción explícitos, estos deben suscitar algunas ideas de cómo puedes guiar a tu iglesia hacia el futuro.

Nueve cambios clave para la iglesia poscuarentena

Esta lista no es, de ningún modo, exhaustiva. Sin embargo, espero que sea un punto de partida para que continúes guiando a tu iglesia poscuarentena.

1. La simplicidad será de vital importancia

¿Recuerdas cuán ocupada estaba tu iglesia antes de la pandemia? ¿Recuerdas cuántos programas y ministerios competían entre sí por un espacio en la agenda? ¿Recuerdas cuán cansados estaban los miembros más comprometidos de tu iglesia, de intentar satisfacer y mantenerse fieles a la congregación?

Quizá percibiste que los miembros que se tornaron inactivos o que dejaron de asistir por completo, estaban luchando con el desgaste en el ministerio; aunque es posible que no conozcas de manera específica sus razones.

Entonces la pandemia introdujo una nueva serie de retos.

Tal vez, al igual que la mayoría de los pastores y líderes de las iglesias con que he hablado, notaste algo más durante la cuarentena: ustedes pudieron reducir un poco la marcha. Pudieron enfocarse en unos pocos ministerios, en vez de sudar la gota gorda, tratando de mantener cien cosas a la vez.

Mientras meditas en la pausa que todos experimentamos en medio del reajuste, por favor, escúchame bien. Una de las cosas más dañinas que puedes hacer en esta era poscuarentena es permitirle a tu iglesia volver al exceso de actividades. Habrá una tentación, y quizás alguna presión visible por parte de ciertos miembros, de retornar a la iglesia compleja del pasado. Y puedes ser tentado, no solo a retornar a las actividades anteriores, sino a añadir una capa de innovaciones digitales encima de todo.

Solo di que no.

Crea un proceso para evaluar rigurosamente todo lo nuevo, así como todo compromiso preexistente en la congregación. Las iglesias saludables en la era de poscuarentena serán iglesias enfocadas; serán congregaciones que harán unas pocas cosas bien, tanto digital como presencialmente.

No hay tiempo como el presente para reemplazar la complejidad por la simplicidad.

2. Solo sobrevivirán las iglesias enfocadas hacia afuera

Este problema es tan significativo que unas pocas palabras no lo pueden expresar. Por años muchas congregaciones han actuado como clubes religiosos de campo. Los miembros pagan por los servicios y obtienen ventajas y beneficios. Nuestro equipo ha trabajado con innumerables congregaciones donde casi no se hacía ningún esfuerzo para obedecer la Gran Comisión.

Estas iglesias enfocadas hacia adentro sobrevivieron porque aún tenían suficientes personas que asistían y apoyaban las congregaciones, simplemente porque era una expectativa cultural.

En muchas iglesias ese remanente desapareció casi por completo durante la pandemia.

La ecuación es sencilla: si las iglesias no están haciendo esfuerzos enfocados, intencionales y regulares para alcanzar a sus comunidades, morirán.

3. Los servicios de adoración serán más pequeños

Como destaqué anteriormente en el libro, la tendencia a construir grandes centros de adoración para acomodar grandes congregaciones era principalmente para una generación: los *boomers*. Lo que vemos ahora es una tendencia a reuniones más pequeñas. La presencia y el crecimiento de las iglesias vecinales jugarán un rol primordial en la era poscuarentena.

Por supuesto, justo después de que las congregaciones comenzaran a reunirse de nuevo, los requisitos del distanciamiento social obligaron a muchas iglesias a tener reuniones más pequeñas. Varias iglesias añadieron servicios extras, y los mantendrán. Algunas incluso añadirán más servicios. Otras se están convirtiendo en iglesias multisitio por primera vez. Lo que nos lleva al próximo cambio.

4. Lo «multi», se multiplicará

La era poscuarentena verá una rápida expansión del movimiento «multi» en las iglesias. Para algunas, como mencionamos anteriormente, significa sostener varios servicios el domingo en la mañana. No obstante, «multi», tiene otras expresiones también.

La pandemia fue el golpe decisivo para muchas iglesias que determinaron que no podían sobrevivir, pero en lugar de cerrar sus puertas, transfirieron sus propiedades a otras iglesias. Como Sam Rainer ha expresado, estas fueron «adoptadas» por otras congregaciones.[1] Esas iglesias se transformaron rápidamente en iglesias multisitio.

Algunas reconocieron que una gran parte de la población trabajadora no podía asistir a los servicios de adoración los domingos en la mañana, así se convirtieron en «multi» al recurrir a diversos días y crear servicios de adoración en horarios alternativos además del domingo en la mañana.

En respuesta al distanciamiento social, algunas iglesias reconocieron que no todas las personas tenían que reunirse en un centro dedicado a la adoración. Así que sus asistentes comenzaron a reunirse en salas adicionales, en salones de compañerismo y en pequeñas capillas. En algunos casos, en el espacio adicional se reunieron grupos de personas con idiomas diferentes. Estas iglesias se convirtieron en multisede.

El movimiento «multi» ya estaba creciendo antes de la pandemia, y no puede disminuir en la era poscuarentena.

5. El reajuste del personal y el liderazgo se centrará más en la competencia digital

Observa cómo las iglesias asignarán mayores recursos a la tecnología y la proyección digitales. Este cambio es natural después de que se prestó tanta atención a la transmisión en vivo de los servicios de adoración vía Internet, y a la transición a las ofrendas digitales durante la cuarentena.

No obstante, no se trata simplemente de tener el último juguete tecnológico. Lo que está sucediendo ahora es que la gente está despertando a la realidad de que el mundo digital es un campo misionero, una forma de llegar a personas reales con necesidades reales. Para aprovechar esta creciente oportunidad, las iglesias necesitarán redistribuir los recursos, incluido el personal. Los jóvenes nacidos en la era digital, que ya son expertos en tecnología, serán los más solicitados para ocupar puestos en el personal. Algunos tendrán la palabra «digital» en sus títulos ministeriales.

6. Los «disgregados» se convertirán en un tema de alcance y enfoque

Creo que surgirá un nuevo grupo de personas que no asisten a la iglesia. Por ahora, los llamaré «disgregados». Antes de la pandemia, ellos estaban al menos someramente involucrados con una iglesia, pero durante la cuarentena decidieron que preferían no asistir a la iglesia en persona. Cuando las iglesias recomenzaron a reunirse, los disgregados no regresaron.

Algunos disgregados se moverán a una relación «netamente digital» con sus iglesias; otros dejarán de asistir por completo.

Se desarrollarán estrategias completamente nuevas para llegar a los disgregados. Se crearán nuevos recursos. Los líderes de iglesias reconocerán a este grupo como más receptivo al evangelio, y a reconectarse con la iglesia, que otras personas que no asisten a la iglesia.

7. Los servicios de adoración digital tendrán un nuevo propósito

Durante la pandemia, entre las iglesias surgieron dos tendencias iniciales. Una fue el paso a las ofrendas digitales. En respuesta a una preocupación grave y creciente sobre la sostenibilidad financiera de algunos ministerios de la iglesia, Church Answers trabajó con cientos de iglesias que nunca habían puesto a disposición de sus miembros las ofrendas en línea.

La segunda tendencia principal fueron los servicios de adoración digitales. Los líderes de iglesias, muchos de los cuales distaban grandemente de ser expertos en tecnología, aprendieron a usar plataformas como YouTube, Facebook y Vimeo.

Para la mayoría de las iglesias, los servicios de adoración digitales aún son un pilar entre sus ministerios poscuarentena. Los pastores se dan cuenta de que pueden llegar a personas a las que nunca llegarían en persona. Los líderes de iglesias están desarrollando estrategias que harán que estos servicios se vean significativamente diferentes en el futuro.

Las iglesias también se dieron cuenta de que los servicios de adoración digitales eran útiles para llegar a sus propios miembros, muchos de los cuales no podrían asistir de otra manera. Una iglesia en Florida se comunicó específicamente con tres hogares de jubilados, donde algunos de sus miembros más ancianos estaban confinados. Como resultado, esta iglesia cosechó los beneficios de dos consecuencias imprevistas. En primer lugar, algunos de estos adultos mayores invitaron a sus amigos en el hogar de jubilados a ver los servicios digitales; y a veces lo hacían juntos. En segundo lugar, muchos de estos miembros e invitados comenzaron a ofrendar a la iglesia. Esta iglesia en Florida en específico vio un aumento de las ofrendas de más del 25 % durante la pandemia, la mayoría de las cuales estaban relacionadas con los hogares de jubilados.

8. La capacitación ministerial cambiará drásticamente

Durante años hemos sido testigos de un cambio significativo en la educación superior, ya que más estudiantes han pasado de matricularse en el campus a las clases digitales; o a una combinación de ambas cosas. Sin duda alguna, el mundo de la formación teológica y ministerial ha experimentado un cambio similar.

Antes de la pandemia, el debate se centraba principalmente en la modalidad de la educación. Para la capacitación ministerial más específicamente, se hablaba de nuevos modelos digitales, junto con modelos basados en cohortes e iglesias.

Si bien estos debates siguen siendo fundamentales, ha surgido una cuestión paralela. No solo está cambiando la *modalidad* de la capacitación ministerial o educación teológica, sino también el *contenido*. Ciertos aspectos de la capacitación ministerial siempre deben permanecer constantes, como el Nuevo Testamento, el Antiguo Testamento, la teología, la historia de la iglesia y otras disciplinas clásicas. Sin embargo, desde hace varios años, muchos líderes de iglesias han estado pidiendo que el contenido teológico se incremente con capacitación práctica, específicamente en las diversas formas de capacitación de liderazgo. Desde entonces ha surgido toda una industria artesanal que promete capacitar a los líderes de iglesias en las áreas que no aprendieron en el seminario o en el colegio bíblico.

La pandemia también ayudó a tomar conciencia de otra brecha importante en la mayoría de los programas de capacitación ministerial. Pocos líderes de iglesias han sido capacitados o equipados para comprender, participar o planificar estratégicamente el mundo digital.

La formación ministerial ya estaba cambiando antes de la pandemia. Observa cómo estos cambios se acelerarán en la era poscuarentena.

9. Los pastores dejarán sus puestos de liderazgo por los roles de segunda posición

Quizás el cambio sea sutil al principio, pero ya vemos señales de que se está desarrollando. La mayoría de los pastores no han sido capacitados ni equipados para liderar el cambio en la escala que se necesita en la era poscuarentena. Como señalamos anteriormente, por lo general ellos están bien capacitados en las disciplinas clásicas, pero a menudo están mal preparados para un mundo de cambios acelerados.

Sin dudas, algunos estarán preparados o procurarán capacitación adicional. Algunos tienen grandes habilidades de liderazgo innatas en las cuales podrán apoyarse, pero muchos no. Esta nueva era es abrumadora incluso para los líderes experimentados.

Mientras tanto, un movimiento paralelo se desarrolla. A medida que más iglesias se unan al movimiento «multi», estas buscarán ministros para nuevos sitios, sedes y campus universitarios. Varios pastores experimentados encajarán bien en estos roles más limitados. Yo los llamo roles de segunda posición porque, aunque su naturaleza seguirá siendo pastoral, no incluirán las responsabilidades específicas de liderazgo de un pastor principal.

La iglesia pizarra en blanco

La era poscuarentena puede llegar a ser una de las etapas más desafiantes para las iglesias y sus líderes. La oportunidad de liderar el cambio es probablemente mayor ahora que en cualquier otro momento de nuestra vida. Sin lugar a dudas, el mundo ha cambiado. Sin lugar a dudas, la cultura occidental ha cambiado; y se ha movido en gran medida contra las iglesias. Sin lugar a dudas, la mayoría de los líderes de iglesias no han sido capacitados ni equipados para esta nueva etapa.

Con todo esto, es una etapa de oportunidades. De alguna manera, es como una pizarra en blanco. Un pastor lo expresó de manera concisa y acertada: «Siento que he regresado a mis días de plantación de iglesias —aseveró—. Realmente necesito guiar a mi iglesia a comenzar de nuevo en la mayoría de las áreas. Estoy emocionado y nervioso a la vez».

Este libro le ha presentado algunos de los desafíos que la mayoría de las iglesias enfrentará en la era poscuarentena. No obstante, hay mucho más que aún no conocemos. Hay muchos más cambios en el camino por delante.

Solo puedo imaginarme cómo se sintieron los cristianos del primer siglo mientras intentaban alcanzar a un mundo que necesitaba escuchar las buenas nuevas del Salvador resucitado. Solo puedo imaginarme su emoción y su temor. Sabían que el camino por delante sería difícil y peligroso, pero también sabían que sus esfuerzos valdrían la pena.

Al entrar en esta era desconocida, no estamos seguros de los pormenores que vendrán; sin embargo, estamos seguros de que el Dios de toda sabiduría y poder estará con nosotros en cada paso del camino. Después de que Jesús les dio a Sus discípulos el mandato de la Gran Comisión en Mateo 28:19-20, les recordó que no iban a hacerlo solos: «Y tengan por seguro esto: que estoy con ustedes siempre, hasta el fin de los tiempos».[2]

Con esa misma seguridad, entramos en una nueva era, una nueva etapa de oportunidades. Con esa misma promesa, guiamos a nuestras iglesias hacia el futuro. Y con esa misma confianza, sabemos que no estaremos solos, independientemente de lo que suceda.

Cuando todo está dicho y hecho, en verdad nada más importa.

NOTAS

PRIMER DESAFÍO:
REÚNETE DE MANERA DIFERENTE Y MEJOR

1. Hebreos 10:24
2. Hebreos 10:25

SEGUNDO DESAFÍO:
APROVECHA TU OPORTUNIDAD PARA ALCANZAR EL MUNDO DIGITAL

1. Alex Petros, «Acquisitions in the Time of COVID: Big Tech Gets Bigger» [Adquisiciones en tiempos de COVID: Las grandes tecnologías se ponen más grandes], Public Knowledge, abril 7, 2020, https:// www.publicknowledge.org/blog/ acquisitions-in-the- time-of-covid-big-tech-gets-bigger/; Drew Singer y Elena Popina, «Apple y Alphabet Still Buying Back Shares as Tech Giants Flush with Cash» [Apple, Alphabet siguen readquiriendo acciones mientras los gigantes tecnológicos nadan en efectivo], Bloomberg News, abril 30, 2020, https:// www.bnnbloomberg.ca/ apple- alphabet-still-buying-back-shares- as-tech-giants-flush-with-cash-1.1429737.
2. Hechos 1:8
3. Hechos 1:14
4. Lucas 10:2

TERCER DESAFÍO:
VUELVE A RELACIONARTE CON LA COMUNIDAD CERCANA A TU IGLESIA

1. Hechos 1:8
2. Hechos 8:1

CUARTO DESAFÍO:
LLEVA LA ORACIÓN A UN NIVEL NUEVO Y PODEROSO

1. Hechos 1:14
2. Hechos 6:1
3: Hechos 6:4
4. Hechos 6:7
5. Evan Andrews, «8 Ways Roads Helped Rome Rule the Ancient World» [Ocho maneras en que las calzadas ayudaron a Roma a gobernar el mundo antiguo], History.com, agosto 29, 2018, https://www.history.com/news/8-ways-roads-helped- rome-rule-the-ancient-world; *Encyclopaedia Brittanica Online*, s.v. «Roman Road System» [Sistema de calzadas romanas], consultado el 20 de junio, 2020, https://www.britannica.com/technology/ Roman-road-system; *World Heritage Encyclopedia*, s.v. «Roman Road» [Calzada romana], consultado el 20 de junio, 2020, http://www.self.gutenberg.org/articles/eng/Roman_road#cite_note-Corbishley.2C_Mike_page_50-4.
6. Ver, por ejemplo, Clea Simon, «Is Technology Evil?» [¿Es mala la tecnología?], *Harvard Gazette*, octubre 3, 2019, https://news.harvard.edu/gazette/story/2019/10/ hubweek-panel-explores-ethics-in-the-digital-world/; David Brooks, «How Evil Is Tech?» [¿Cuán mala es la tecnología?], *New York Times*, noviembre 20, 2017, https://www.nytimes.com/2017/11/20/opinion/ how-evil-is-tech.html; Kathleen Stansberry, Janna Anderson y Lee Rainie, «Experts Optimistic About the Next 50 Years of Digital Life» [Los expertos están optimistas en cuanto a los próximos 50 años de vida digital], Pew Research Center, octubre 28, 2019, https://www.pewresearch.org/internet/2019/10/28/experts-optimistic-about-the-next-50-years-of-digital-life/; Chelsea Greenwood, «9 Subtle Ways Technology Is Making Humanity Worse» [Nueve formas sutiles en que la tecnología está empeorando a la humanidad], Business Insider, agosto 23, 2019, https://www.businessinsider.com/technology-negative-bad-effects-society-2019-8.
7. Hechos 6:1

8. Hechos 6:3, 5-6
9. Hechos 6:7

QUINTO DESAFÍO:
RECONSIDERA EL USO DE TUS INSTALACIONES PARA OPORTUNIDADES INCIPIENTES

1. Ver, por ejemplo, Cheryl Mitchell Gaines y Chelsea Langston Bombino: «Why the Black Church Is Vital for Healthy Communities» [Por qué la iglesia afroamericana es vital para las comunidades saludables], *Public Justice Review 6* (2017), http: // www.sharedjustice.org/domestic-justice/2017/12/20/why-the-black-church-is-vital-for-healthy-communities; Bob Osborne: «Why Don't Churches Share?» [¿Por qué no comparten las iglesias?], Blog de EFCA, 20 de agosto de 2018, https://www.efca.org/blog/leading-churches/why-dont-churches-share; Jim Morgan: «10 Ways Churches Underutilize Their Facilities» [Diez maneras en que las iglesias subutilizan sus instalaciones], Meet the Need, 1 de noviembre de 2017, http://meettheneed.org/blog/2017/11/10-ways-churches-underutilize-facilities/.
2. Oficina de estadísticas laborales de Estados Unidos, «Resultados de la encuesta estadounidense sobre el uso del tiempo, 2018», comunicado de prensa no. USDL-19-1003, 19 de junio de 2019, https://www.bls.gov/news.release/pdf/atus.pdf.

SEXTO DESAFÍO:
REALIZA CAMBIOS DURADEROS QUE MARCARÁN LA DIFERENCIA

1. Ver Hechos 1:14; 2:42; 6:4; 12:12; 13:3; 14:23.
2. Hebreos 11:8-10
3. Stephen Kendrick y Alex Kendrick, El desafío del amor (Nashville:B&H Publishing, 2008).

IDEAS FINALES:
DE LOS DESAFÍOS A LAS OPORTUNIDADES

1. Thom Rainer y Sam Rainer, «A Case Study of an Established Church Adopting a Struggling Church» [Estudio de caso de una iglesia establecida que adopta a una iglesia en problemas], Rainer en un podcast sobre liderazgo, episodio 576, 1 de octubre, 2019, 5:14–10:49, https://churchanswers.com/podcasts/rainer-on-leadership/a-case-study-of-an-established-church-adopting-a-struggling-church-rainer-on-leadership-576/. Ver también Jessica Pigg, «Bradenton

Church Commits to Help Dying Churches» [La iglesia Bradenton se compromete a ayudar a iglesias moribundas], Convención Bautista de La Florida, 23 de septiembre, 2019, https://flbaptist.org/bradenton-church-commits-to- help-dying-churches/.

2. Mateo 28:20

ACERCA DEL AUTOR

Thom S. Rainer es fundador y director ejecutivo de Church Answers. Con casi cuarenta años de experiencia en el ministerio, Thom ha pasado toda su vida comprometido con el crecimiento y la salud de la iglesia local y sus líderes. Antes de fundar Church Answers, Thom se desempeñó como presidente y director ejecutivo de LifeWay Christian Resources. Antes de LifeWay, sirvió en el Seminario Teológico Bautista del Sur durante doce años, donde fue el decano fundador de la Escuela de Misiones, Evangelismo y Ministerio Billy Graham. Se licenció en la Universidad de Alabama en 1977, y obtuvo su maestría en teología y su doctorado en el Seminario Teológico Bautista del Sur. Además de hablar en cientos de escenarios durante los últimos treinta años, Thom dirigió Rainer Group, una firma consultora de iglesias y denominaciones que brindó perspectiva sobre la salud de la iglesia a más de quinientas iglesias y otras organizaciones desde 1990 hasta 2005. Thom ha escrito más de dos docenas de libros. Él y su esposa, Nellie Jo, viven en Nashville.

EVALUACIÓN DE SALUD DE LA IGLESIA

Esta evaluación está diseñada para ayudar a los líderes de la iglesia a descubrir qué tan rápido pueden esperar que su iglesia se convierta en una congregación saludable.

La evaluación es más útil si proporciona respuestas con total franqueza y conciencia de sí mismo.

Los buenos líderes siempre comienzan con un diagnóstico honesto antes de seguir adelante.

√ Tome su tiempo.
√ Lea cada declaración con atención.